第六次浪潮

[芬] 马库·维莱纽斯（Markku Wilenius）著

刘怡 李飞◎译

PATTERNS OF THE FUTURE

UNDERSTANDING THE NEXT WAVE OF GLOBAL CHANGE

清华大学出版社

北京

内 容 简 介

《第六次浪潮》使用康德拉季耶夫长波理论来解读我们眼前的世界。本书作者马库·维莱纽斯认为，我们正在进入第六次浪潮：智能时代。席卷全球的第六次浪潮将挑战我们当前的价值观、体制以及商业模式。《第六次浪潮》分析了企业和公共部门如何在第六次浪潮中履险如夷。

本书不仅是未来研究、环境研究、经济学和商科本科生及研究生的理想读物，也是国家决策者、智囊团、企业经营者的重要参考。

Markku Wilenius

Patterns of the Future: Understanding the Next Wave of Global Change
EISBN: 978-1-78634-288-1

北京市版权局著作权合同登记号　　图字：01-2017-8971

本书封面贴有清华大学出版社防伪标签，无标签者不得销售。

版权所有，侵权必究。举报：010-62782989，beiqinquan@tup.tsinghua.edu.cn。

图书在版编目（CIP）数据

第六次浪潮 / (芬) 马库·维莱纽斯(Markku Wilenius) 著；刘怡，李飞译. — 北京：清华大学出版社，2018（2024.11重印）
书名原文：Patterns of the Future: Understanding the Next Wave of Global Change
ISBN 978-7-302-49816-2

Ⅰ.①第…　Ⅱ.①马…②刘…③李…　Ⅲ.①世界经济—经济发展—研究
Ⅳ.①F113.4

中国版本图书馆 CIP 数据核字（2018）第 037590 号

责任编辑：刘　洋
封面设计：李召霞
版式设计：方加青
责任校对：王荣静
责任印制：曹婉颖

出版发行：清华大学出版社
　　　　　　网　　址：https://www.tup.com.cn，https://www.wqxuetang.com
　　　　　　地　　址：北京清华大学学研大厦 A 座　　邮　　编：100084
　　　　　　社 总 机：010-83470000　　　　　　邮　　购：010-62786544
　　　　　　投稿与读者服务：010-62776969，c-service@tup.tsinghua.edu.cn
　　　　　　质 量 反 馈：010-62772015，zhiliang@tup.tsinghua.edu.cn
印 装 者：三河市东方印刷有限公司
经　　销：全国新华书店
开　　本：148mm×210mm　　**印　　张**：9.125　　**字　　数**：186 千字
版　　次：2018 年 6 月第 1 版　　**印　　次**：2024 年11月第12次印刷
定　　价：59.00 元

产品编号：077417-01

我们是世界的意识。

意识推动世界的发展。

——彭蒂·马拉斯卡

作者简介

　　马库·维莱纽斯（Markku Wilenius）从事未来研究 20 余年，大部分时间在芬兰未来研究中心工作。他是图尔库大学图尔库经济学院未来研究教授，也是联合国教科文组织学习化社会和未来教育客座教授。2015 年，他在图尔库大学参与创办了图尔库复杂系统研究所。他近年来的研究兴趣包括社会经济长波、金融和森林工业的未来、气候和能源政治，以及扁平化组织的未来。维莱纽斯的最新项目是城市和社区的未来。他是两个基金会的主席，曾在全球最大的私人保险公司安联供职多年，负责公司的战略研究和发展。他是罗马俱乐部的成员，曾带领芬兰专家代表团参加约翰内斯堡世界可持续发展峰会。他出版过几本著作，发表过数百篇关于未来研究的文章。维莱纽斯曾赴各大洲演讲，并数次接受国际媒体的采访。他与妻子和两个儿子住在赫尔辛基。

序

2015 年秋，联合国正式通过 17 个可持续发展目标。《巴黎气候协议》是我们许多人经过辛勤努力取得的重大成就。17 个可持续发展目标包括 169 个更详细的子目标。上述协议的达成是联合国前秘书长潘基文及相关工作人员努力的结果。我们需要创造一种新的工作文化，更确切地说，创造一种文化，以便真正实现这些目标。达成这些目标是新任秘书长安东尼奥·古特雷斯（António Guterres）和他的顾问团队最重要的任务。

这需要成员国政府真诚的承诺和参与。但这还不够，要达到预期结果，还需要公民的行动和商界的参与。为了让地球重新回到正确的轨道上，我们必须立即采取行动。我相信人们已经意识到阻止气候变化刻不容缓，其他目标同样容不得半点拖延。我们是可以阻止灾难的最后一代人，我们有能力做到！

17 个可持续发展目标中的每一个都很重要，并且相互关联。这就是为什么我们不仅要实现每一个单独的目标，而且要把握大局。当前的情况与以往的全球协议最大的不同点在于，我们要考虑环境、社会平等和经济形势，以及它们之间的关联。

马库·维莱纽斯清楚地说明了势在必行的变革深度和广度。

他对罗马俱乐部的著名报告《增长的极限》（*Limits of Growth*）
发布以来数十年的世界发展有着深刻的洞察。他与全球众多勤
奋的可持续发展专家有过合作。了解历史有助于分析现在和构
建未来。康德拉季耶夫长波理论非常有用。马库·维莱纽斯的
文字对新手来说简明易懂，而对于有经验的头脑，他的观点将
激发新的思考。

感谢科学家的研究，我们今天才能对世界形势和改变的方
向有更深入的了解。然而，创造可持续的未来需要我们每一个
人的努力。

塔里娅·哈洛宁

芬兰前总统

致　谢

　　我想向芬兰以及世界各地所有鼓励我从事未来研究的人表示感谢。已故的彭蒂·马拉斯卡是我最大的灵感源泉。他是图尔库经济学院的教授，也是未来研究的国际先驱。我在芬兰未来研究中心（由马拉斯卡创立）的同事是我珍贵的讨论伙伴。我尤其要感谢 Sofi Kurki，他参与过我的多个研究项目，这些项目为本书的面世奠定了基础。多年来，我在保险业巨头安联（慕尼黑）工作期间，深刻地领悟到经济长周期的有力观点。我得到了国际团队的支持，他们帮助我了解全球化的下一个阶段。

　　身为数个支持技术研究的基金会的主席，我的工作让我能够更好地了解新技术和创新的进步。通过我的家族企业奥斯龙（Ahlstrom），我对芬兰长期的工业传统有了深入的认识。我与 Fibertus Oy 的合作帮助我了解雄心勃勃的创业公司所面临的挑战。在芬兰和其他地方的数十场演讲迫使我调整我的观点，让我有机会与各种有趣的人进行讨论。我在图尔库经济学院攻读国际硕士学位课程的学生是我永恒的灵感来源。

　　我要感谢我的同事以及芬兰和世界其他地方的伙伴，他们中的许多人已经成为我的挚友。由于篇幅有限，请原谅我无法一一列出每一个激励过我的人。我在各个领域的项目让我有幸结识一大批优秀的人，他们在各自的领域辛勤工作，为我们创造更美好的未来。我很幸运拥有美满的家庭和一群朋友，我们一同旅行、出海、慢跑，在健身房锻炼身体，在餐厅享受美食以及谈天说地。

　　我要感谢英国世界科学出版社的责任编辑 Jane Sayers，在我撰写本书的过程中，她给了我巨大的支持。世界科学出版社的内部编辑 Mary Simpson 一路以来也给了我很多帮助。Kalpana Bharanikumar 女士以无比的耐心帮助我度过了艰辛的编辑阶段。我还要感谢芬兰 Otava 出版有限公司为我出版本书的芬兰语版本，感谢 Otava 的 Eva Reenpää 和 Irja Hämäläinen，以及我的同事 Anne Arvonen 和 Krista Heinonen，感谢他们给我的帮助。感谢我的表弟 Merit Kuusniemi 为我翻译本书的大部分章节，他的翻译行文优美、内容准确。感谢我的身兼数职的办公室主任 Laura Pouru 和 Nicolas Balcolm Raleigh 帮助我润色。感谢 Christopher Ryan Jones 仔细地帮我检查英语表达。感谢 Brigitte Chernohorsky 为我提供宝贵意见。

　　最后，我要感谢我的家人。在很多个周末，我由于埋头写作而无法陪伴我的妻子 Aamu。我还要感谢我的父亲 Reijo，多年来我们有过无数个富有成效的对话。我已故母亲慈爱的目光是我的指路明灯，帮助我渡过了一个又一个难关。我的祖母

Fammu 给我们留下宝贵的箴言："上帝不会帮助懒惰的人。"
感谢我的孩子给我的鼓励，毕竟这本书讲的是他们的世界。

马库·维莱纽斯
赫尔辛基，波罗的海的女儿
2016 年 9 月 23 日

目　录

绪论 / 1

第 1 章

真实的世界动态 / 15

第 2 章

变数带来的痛苦与激奋 / 29

第 3 章

进步的浪潮 / 49

第 4 章

地球的脉搏 / 77

第 5 章

人民的怒吼 / 105

第 6 章

经济的意义 / 141

第 7 章
歌颂企业家精神 / 155

第 8 章
领导自由 / 169

第 9 章
教育与文化的力量 / 187

第 10 章
意识革命 / 201

第 11 章
芬兰的机会 / 209

第 12 章
我们需要做什么 / 247

结　语
走向合作社会 / 267

译者后记 / 275

The

sixth

绪　论

sixth

wave

资本主义作为工业化社会的基石，已走到了十字路口。它时而奏效，时而失效。所有人都在追求创新驱动的可持续发展，但很少有人能够成功。同时，环境问题，特别是气候变化，似乎在侵蚀经济发展所创造的价值。煤矿和石油公司正在从价值创造者转变为环境破坏者。一个越来越明显的事实是：我们越晚做出改变，改变的代价就越高昂。

环境压力并不是造成经济发展中断的唯一原因。市场经济始终以"资本主义利润再投资于生产"的原则为基础。工业时代的增长同样以此为根基。这一周期已经显示出放缓的迹象。经济金融化意味着利润仍然属于其所有者——对生产的投资依旧匮乏。实际上，有明确的统计学证据可以证明这一点。标准普尔500指数里的企业将它们一半以上的利润用于股票回购。[1]自然，用于研发的投资将受到影响，员工也无法享受红利。从 1990 年到 2014 年，尽管美国国内生产总值（GDP）增长了 78%，但美国家庭收入并没有实质性的增长。[2]

经济活力取决于投资新事物所创造的新信息。这反过来又为发现新机会提供了可能。这不是线性的，而是一个进化过程。

市场、技术、科技进步、各种应用的发明以及最终的投资都是在交互式循环中出现的。在这样的互动中，公共部门的作用至少与私营部门的作用同等重要。

苏塞克斯大学教授玛丽娜·马佐卡托（Marina Mazzucato）在她的研究中做了系统性的总结。她认为，公共部门在金融危机之后的紧缩政策中痛苦挣扎，它不仅失去了研发旗手的作用，而且不再在研发中扮演积极的角色。她用与主流观点相反的事实证明她的主张：苹果和谷歌的成功背后是大规模的政府投资。事实上，政府投资是这两家巨擘在全球取得成功不可或缺的因素。[3]

同时，私营部门对基础研究的投入也有所减少。显而易见，研究和开发这两项活动必须保持平衡，才能创造有利于创新的生态系统。[4]向错误方向的转变是过去几十年顽固的股东思想的结果。这促使人们寻求短期利益、构建新的所有制模式和结构来鼓励这种转变。短期资本主义的胜利最终导致了金融危机，可人们似乎并未充分吸取教训。

我们必须承认，短期主义并不是市场经济的内在自然现象。短期主义可以从许多方面得到缓解，比如制定支持产业投资的财政和立法措施；设立远期政治目标，并以此为基础制定政府研究和创新政策——这正是政府在引导创新方面的作用。

然而，根本问题是我们无法以史为鉴。伦敦政治经济学院（The London School of Economics and Political Science）的卡罗塔·佩蕾丝（Carlota Perez）教授在对经济长周期进行了深入研究后指出，没有对历史的充分分析，就不可能了解未来进展的动态，更不用说预测它了。[5] 我们需要一种系统性的方法：这是理解全球资本主义从危机到增长再重返波谷的过程的唯一途径。市场、技术及其应用、政治、科学和投资方面的各种反馈机制创造了一个组合结构。一个因素（如政府作为投资者的角色）的变化会导致该结构的动态平衡发生不可避免的转变。

就像未来一样，创新不再充满偶然因素，而是各种意图的结果。工业社会发展的第五次浪潮随着金融危机的爆发而终结（见本书第 3 章图 3-1），我们现在刚刚进入第六次浪潮。第六次浪潮的核心问题是我们能否产生足够丰富的创新。这意味着新的技术和新的商业模式，换句话说，也就是基于更智能的生产、消费和分销模式的一系列解决方案。

最重要的是，经济增长带来的环境压力必须降到最小，使经济增长有益于资源的保护和再生，而不是使其枯竭。这关乎环境的健康和人类的福祉。目前的增长模式是不可持续的，其造成的长期危害远远大于创造的利益。目前情况下，只有转变经济结构，人类才能实现平等进步，减少失业、不平等、气候变化和对生物圈的破坏。[6]

创新并非侥幸达成，未来的一切亦然。正如数十年前著名经济学家约瑟夫·熊彼特（Joseph Schumpeter）在提出进化经济学理论时所指出的那样，创造性破坏的基础是那些将经济引向不平衡的力量，所以变化总是依赖于路径。范式转移由历史的活力创造，像浪潮一般接踵而来。在范式转移的过程中，技术或商业模式向社会和经济渗透。

我们正处在这样的范式转移中。催生了新技术、新商业模式和新文化的创造性破坏起源于遥远的过去，在始于 2008 年的金融危机中成型。上述问题是市场经济的根本缺陷，是导致短期主义、不平等加剧和增长停滞的原因，那么我们要如何解决这些问题呢？如何进行能源和生产系统脱碳？如何为更清洁和更有成效的技术创造条件？我们在哪里可以找到新兴创新所需的长期资本？

最重要的是，我想知道可预见的未来是怎样的。我们如何根据历史的发展预测未来？未来向我们发出了什么信号，我们应该如何解读？

我们所生活的时代充满了惊喜和转变。这也是我写作本书的原因。现在正是"见木又见林"的时刻，是我们看清全局的时刻。本书的另一个目的是解答两个简单的问题：未来会带来什么？社会将走向何方？也许还有：我们是如何走到这一步的？

本书最主要的目的是探讨影响未来发展的因素。但由于许多即将到来的事件都源于过去，因此要"窥探"未来，我们必须要知晓过去。本书凝聚了芬兰、欧洲、硅谷和其他地方的专家在研究、教育和开发项目等领域多年的辛勤工作。看来，呈现它的时机已经成熟。

我有一个方法、一个工具，我们可以用它来认识过去、现在和未来。它帮助我们了解社会如何循环往复，同时又如何自我重塑。最重要的是，该方法有助于我们找到"接下来会怎样"

的答案，即使答案并不总是完美的。

基本前提（与普遍观念相反）是：社会并非稳步前进，也不会跳跃式或随机发展。相反，它像季节一样流转：冬天结束，春天来临。社会进步的基本节奏是循环的，就像大自然一样。不过，经济周期比大自然的年周期要长得多，通常是 40～60 年。

除了循环，社会也在不断演进。在每一个周期，它们都会呈现出一些与之前的周期完全不同的格局。因此，仅通过上一个周期本身并不能预测下一个周期。许多变化因素会自然涌现，比如技术发展、文化价值观的变化、经济与市场的发展、政治决策等。这些因素共同塑造了我们的世界，对环境的影响也日益深远。

因此，后一个周期与前一个周期既相似，又迥异。这种模式自 200 年前工业社会建立之初起就开始不断反复，就像前面所说的，每 40～60 年为一个浪潮式的周期。我们当前正在从一个周期过渡到另一个周期，并且正在进入一个新的时代：第六次浪潮。

新周期伊始，旧的形式仍然存在，但内容却有了变化。第五次浪潮的主要引擎是数字化，而第六次浪潮的驱动力将更加强大。本书旨在介绍推动第六次浪潮的因素，这将延伸到 21 世纪中叶。我将在第 3 章中详细阐述我的理论框架。

我将从多个方面分析未来的世界发展，例如地缘政治局势、经济走向、环境状况、知识将如何更新、哪些文化力量正在塑造我们的社会、人类的意识和心智将如何发展以适应社会变迁。发展将越来越多地以技术飞跃来定义，这将助力人类拥有更便捷的生活。然而，新技术的负面效应也愈加明显：例如，自动化和机器人正在快速替代人工，有人担心幼儿园的 iPad 会夺走儿童的玩耍时间，进而阻碍儿童的发育。

我还将介绍未来研究的方法和基础，帮助读者了解如何使用不完美的工具来管理未来。借助各种信息来源，我们可以预测定义未来走向的因素。

我们这些**未来学家**——为了帮助人们预见未来变化而研究未来的人——将对于未来的认知称为"有远见的知识"。这些知识结合了我们所掌握的有关过去和现在的信息，以及对社会、经济和技术发展的实质的理解。其产物是对未来错综复杂的社会的展望。

即使我已经从事了几十年的未来研究，也不敢说我能预见未来。没有人知道未来是什么样子，但我可以提出合理意见——没有人可以做到更多了。

我将本书叫作《第六次浪潮》，是因为我想引导读者思考未来。许多未来研究者最关心技术，但这本书侧重于社会发展。我努力用简单但又不过分简化的语言阐述我的看法。我们无法改变世界的复杂性，我的愿望仅仅是帮助读者更好地理解它。如果我成功了，那么这本书的目的就达到了。

为了让读者了解未来研究的性质，接下来我将做进一步的说明。下面是对未来研究的描述，请仔细思考：

未来研究主要表现为必要的跨学科合作，目的是制定系统性的科学方法并不断对其进行调查，以评估未来的发展趋势、机会和选择。

除了展望未来——实证科学研究的理想结果，未来研究的另一个目的是明确可供选择的发展目标并识别机会，当然还包括对备选行动模式的价值目标的科学分析。

未来研究不仅要探明连续的历史发展趋势，还要分析不连续性、新现象和可预期的新结构及其后果。基本假设是：通过获取有关未来选择的知识来影响未来的选择是可能的。

上述定义摘自芬兰科学院中央科学委员会 1979 年向芬兰学术界介绍未来研究的一份报告。这是一个绝佳的定义，我相信未来研究就是这样的。芬兰未来研究中心（Finland Futures Research Centre）于 1992 年成立。我在成立四年后加入，自那以后一直在那里工作（除了几次短暂的间隔）。

因此，未来研究发源于芬兰，初期投资很少，目标却很宏伟：创造一个从事未来研究工作的世界级的学术集群。从此，新的研究开始在芬兰学术领域萌芽。现在，芬兰未来研究中心已经发展成为一个拥有 50 多名研究人员的学术机构，这放在国际上也是独一无二的。世界上鲜有学术型的未来研究中心。

芬兰未来研究中心的创立和发展对本书的主题具有重要意义。启动研究是开发创造力和新思维的前提。作为一名未来学家，你要有好奇心，用新鲜的视角看待事物，质疑陈规，并有选择地放弃。

　　未来研究与普通的科学活动有很多相似之处（比如系统和科学的分析），但也有一些不同的特点：从本质上说，未来研究是跨学科的，并且矛盾的是，其研究对象是不可及的未来。

　　知识细化的方式随着历史的演进而不断变化，尽管变化缓慢。机器的计算能力不断增强，机器能够给予我们的帮助也越来越多。据预测，再过几十年，我们将无法区分自然与机器的思维和语言。这真的会发生吗？

　　毕竟，最重要的资源仍然是人，包括人的感受、意愿和意志。人的行为可以预测吗？如果可以，要如何进行？这是控制论早在20世纪70年代就有的梦想。在未来的世界中，机器智能与机器的计算能力同步增长，这会成为可能吗？目前，人脑的计算能力仍然比计算机的计算能力快一百万倍，但这一现状很有可能在数十年内发生改变。当计算机比人脑更智能时，会发生什么？

　　可以说，未来研究最艰巨的挑战和最重要的任务是了解变化。20年都不可能发生的事情如何突然间成为可能？为什么几乎没人预测到苏联解体、柏林墙倒塌和前些年的全球金融危机？为什么我们如此不擅长预测变革？

　　这实际上是本书的基本前提：如何理解、预测和预见变化。正因为如此，未来研究作为一种科学方法和知识来源，必须是跨学科性质的。在未来研究中，信息可能来自当前研究课题相关的任何科学领域。换句话说，如果我们正在研究自行车的未来，我们必须了解技术进步，在这个例子中特指材料技术。此外，我们还必须了解人类生活方式的改变（社会学）、人文地理（城市化)、我们周围企业的发展(商业经济学)等。

此外,未来研究还要考虑全球趋势,了解全球主要趋势如何影响本地形势。循环经济,也叫作智能化的材料回收利用,是一个日渐盛行的全球趋势。欧盟将循环经济作为其主要政策目标。一些国家如意大利,已经禁止使用塑料袋。要解答的问题包括:如何将塑料——当前最常使用的材料——从海洋中打捞出来?将芬兰的花岗岩运到中国,经过一番精雕细琢再运回芬兰有何意义?

未来研究的另一个任务是公开反思我们的价值观。核能从道德上是否可以被接受?我们的未来是否要依赖核能?未来学家不能披着中立的外衣,必须认识到所有决策依赖的价值观。这也意味着未来研究是参与式的和面向社会的。

从根本上讲,未来研究评估科学的哲学基础。换句话说,我们必须问问自己,我们对现实的看法以何为据。著名科学史学家卡尔·波普尔(Karl Popper)提出的"可错主义"(Fallibism)——标准科学学科的一个重要分支——认为,科学知识必须始终根据新的观测结果不断调整,建造科学陵墓毫无意义。

因此,我们可以认为,未来研究的重点是了解一个日益复杂的世界的动态和剧变。为此,我们需要一套足够灵活又足够灵敏的方法。未来研究中使用的研究方法(如情景法和德尔菲法)可追溯到"冷战"时期,当时最坏的情况是,核能可以在一天之内毁灭世界。

有好几次,事态差点就要失控。真正的故事是,在古巴导弹危机期间，一艘苏联核潜艇的机组人员拒绝接受发射核导弹的命令，从而避免了一场灾难性的核战争。用未来研究的语言来说，那个生死攸关的时刻是一个分支点，在那个分支点上，可能产生两个全然迥异的未来轨迹。事实上，正是"冷战"期间的这些局势激发了人们的灵感，进而发明了情景法来了解一场可能的核战争的乘法效应。

我们需要长时间的建模，才能理解总体发展周期，即世界的节奏。这在后面的内容中会详细阐述。这也是我最近的一个研究重点。这个星球上的生活和现实，乃至整个宇宙，我想都是有节奏的。我们必须努力理解这种节奏，正是这种节奏让未来变得可触。

总而言之，要看清未来，我们需要乌托邦思想、想象力和说"不"的勇气。传统上，这些是科幻小说和幻想文学的贡献。令人惊讶的是，未来甚至比我们想象的更加奇妙——我们眺望得越远，越是如此。30 年前，没有人能想象我们今天所生活的世界。

造诣深厚的未来学家伊尔卡·托米（Ilkka Tuomi）根据他在芬兰诺基亚公司（Nokia）的长期经验，以有趣的方式描述了各种展望未来的方法[7]。20 世纪 90 年代在诺基亚工作时，他意识到，手机开发的未来对所有人都是未知的。诺基亚的员工每次都措手不及，尽管他们自己也参与了未来的创造。托米将这种措手不及称为"本体论扩展"（Ontological Expansion）。

简单来说，这意味着人们不能根据过去推断未来。此外，未来的应用未必符合工程师们开发相关技术的初衷。例如，互联网的第一个版本——ARPANET，是为了机器之间而不是人与人之间的通信而构建的。短信所使用的技术最初是为了接收语音信息而开发的。我们对未来的预测总是会忽略某些因素，而恰恰是这些因素在影响事件顺序方面，在运用技术创造具有历史意义的应用方面起到了至关重要的作用。

托米将展望未来的方式分为三种。第一种方法是基于概率的"概率性展望"，这几乎是经济学中使用的唯一方法。这种方法将过去和未来作为一个连续体，根据牛顿物理学来构想未来，这种方法的准确性可以在事后分析。用科学的语言来说，概率性展望由认识兴趣或信息偏好决定：我们希望尽可能准确地了解将来会发生什么。它建立在预期之上，反过来又基于历史事实。

第二种方法叫"可能性展望"。实际上，这种方法涉及情景思维：我们可以设想多少种不同的未来以及多少条通往未来的途径？例如，我们可以展望英国在脱欧之后一直到2030年会是怎样的，并构想出几种不同的情境。我们可以想象，目前的趋势会继续，英国在远离欧洲的道路上会越走越远。我们也可以想象英国下一届政府发起另一次关于回归欧盟的公投。

也就是说，我们所谈论的可能的世界并不以概率分析为依据。其理念是构建一个故事，帮助我们想象所有可能的未来情景。在未来研究中，研究人员经常构建三到四种不同的情境来探索未来的各种动态。我们不会专注于某个特定的情境，并且我们的方法是基于文化的。我们将未来视为我们有意识或无意识做出的众多选择的结果。

　　如果第一种方法的灵感来自牛顿力学，那么第二种方法的启发就来自艺术和文化研究，第三种方法建立在生命体系或生物体之上，称为"建构主义展望"。这种方法认为，未来并不是地平线上的遥远之地，而是日复一日的建设的结果。换句话说，未来是被塑造和创造的。这是实现我们所设想的未来的先决条件。然而，这需要大量的试验和快速学习。

　　生物体与人类不同，它们没有长期目标，但它们有适应任何环境的能力。这种行为不能被简化为数学算法，即使是图灵机——数字计算机的前身——也无法完成这项任务。因此，我们回到"本体论扩展"的概念，这意味着我们要为与预期不同的未来做准备。在实践中，对企业而言，这意味着与客户深入合作，为他们提供他们需要的产品和服务。比如，一个服务型公司不能想当然地认为客户需要某些服务，而要与客户一起发现和探索。第 7 章中有更多关于该主题的内容，届时我将以 Reaktor 公司为例，讨论这些建设性的方法。

　　在某个特定的时刻，即使我们无法想象影响未来的所有因素，我们仍然可以创造未来。当前在全球范围内使用的各种技术，包括个人电脑、激光打印和互联网等数字革命引擎，均来自加利福尼亚州门洛帕克（Menlo Park）的施乐研究中心。任何在该中心工作的工程师都没想到这些技术能被如此广泛地传播。

　　所有这一切虽然微末，但它们也说明展望未来是如此的令人兴奋。"一分耕耘，一分收获"可能是真的，但如何发生又是另外一回事了。

[1] Lazonick, William. 2014. *Profits Without Prosperity*. Harward Business Review. Accessed September 23, 2016. https://hbr.org/2014/09/profits-without-prosperity.

[2] Jacobs, Michael & Mazzucato, Mariana. 2016. Rethinking capitalism: An introduction. In: Jacobs, Michael & Mazzucato, Mariana (Eds.). *Rethinking Capitalism. Economics and Policy for Sustainable and Inclusive Growth*. Wiley Blackwell.

[3] Mazzucato, Mariana. 2016. *The Entrepreneurial State*. London: Anthem Press.

[4] Mazzucato, Mariana. 2016. Innovation, the state and patient capital. In: Jacobs, Michael & Mazzucato, Mariana (Eds.). *Rethinking Capitalism. Economics and Policy for Sustainable and Inclusive Growth*. Wiley Blackwell.

[5] Perez, Carlota. 2016. Capitalism, technology and green global age: The role of history in helping to shape the future. In: Jacobs, Michael & Mazzucato, Mariana(Eds.). *Rethinking Capitalism. Economics and Policy for Sustainable and Inclusive Growth*. Wiley Blackwell.

[6] Maxton, Graeme & Randers, Jørgen. 2016. *Reinventing Prosperity. Managing Economic Growth to Reduce Unemployment, Inequality and Climate Change*. Greystone Books.

[7] Tuomi, Ilkka. 2012. Foresight in an unpredictable world. *Technology Analysis & Strategic Management*, 24(8), 735-751.

The sixth

第1章
真实的世界动态

wave

当世界充满变数时，人们对未来最为好奇：全球经济陷入衰退；员工被解雇，失业率飙升；经济学家散播阴郁气氛，面色严峻地分析形势；报纸头条全是消极论调；人们不再买房并且遏制消费……而当全球事务自动协调、未来格局明朗可期时，人们对未来的担忧则要少得多。

只有身处坏光景，人们才会思考未来。这是因为，思考未来能让我们对"什么是可以改变的"以及"如何改变"进行有用的分析。展望未来可能意味着重新分析或评估选择。受困于过往似乎是人类面临的一个特殊问题。现实是过去与未来的结合，未来已经融入现在。现实不是连续和简化的，而是需要各种视角，来照亮其微妙和隐秘之处。

窥探未来的欲望是人性的组成部分，只要先进文化存在，人类就会憧憬未来。柏拉图的《理想国》可能是人类对未来社会最早的理想化愿景。这告诉我们，人类展望未来的历史有多么久远。希腊哲学家本质上创造了西方科学和思想的精神根源。

最终，我们面对的事实是：我们对未来一无所知。这是一个神秘的世界。但如果我们能找到影响未来的因素，我们可以预测未来吗？答案是：有可能。

认为人可以准确地预测未来是非常荒谬的，因为机会在所有事件中都发挥着重要作用。量子物理学告诉我们，粒子可以同时表现为波和分离的粒子，也就是说，并没有科学依据让我们相信某个确定的未来。

人类的历史告诉我们，在稳定的发展历程中，突然的变化会如何扰乱社会和日常生活，这些变化在多大程度上是可预测的？例如，谁预见到了移动技术会如此深刻地改变我们的日常生活？现在，我们很难想象一个没有手机的世界，尽管手机出现在我们生活中不过短短 20 年。

人类的特点是能够轻松适应新的情况，进化加强了人类的这一能力，在某种程度上保证人类社会得以延续。我们目前比以往任何时候都更需要这种能力。

几千年来，或者换句话说，自从美索不达米亚先进文明诞生以来，人类与未来的关系几乎没有变化。文化的发展需要人与自然的对话：我们通过播种、育林伐木和海洋捕捞等形形色色的方式来塑造环境。每一个行为都会以某种方式影响未来，只是某些行为的影响更为显著。

今天，我们对环境的影响呈现出全新的广度。在远古时期，人类的行为最多影响一个地方，几乎不会产生任何全球效应，但现在，一切都不同了。古生物学家蒂姆·弗兰纳里（Tim Flannery）通过将人类称为"破坏者"来描述这种变化：人类使用技术，将自然选择加速了 10 个数量级[1]。这为文化进化开辟了一个全新的方向。

到目前为止，地球的主要里程碑有小行星碰撞、突然的气候变化以及由此导致的大规模生物灭绝。这种破坏在地球历史上数不胜数，但由具备意识甚至自我意识的物种——人类造成的破坏还是第一次。

人类已经"驯化"了地球，并且为了满足自己的需求而"奴役"了大部分的资源，这是前所未有的，并将导致全球性的后果。从文化进化的角度来看，这是一个全新的形势。

已故的未来学家彭蒂·马拉斯卡（Pentti Malaska）认为，人类有必要记录全球大事件。[2] 记录始于 17 世纪的三十年战争。当时，第一个民族国家的诞生和发展使人口普查成为必要。指导国家资源分析的原则应当用于整个地球。这样我们就能够清楚地了解人类对其环境的实际影响。然而，这类统计还处于起步阶段。

当然，我们已经掌握了一些信息。例如，我们知道人类使用的能量占大自然所消耗能量的一半左右，这些能量中的大部分来自光合作用。然而，人类产生的能量只占太阳生产的可再生能源的约 0.000 001%，[3] 所以一切都是相对的。与太阳相比，人类只是一个次要因素。

由于规模从本地变为全球，我们的视角也必须改变。增长在很大程度上仍然取决于目标，例如，我们需要多大的经济增长幅度或出口额。同时，我们必须找到新的方法来了解全球范围内的进展，而这最好通过开发分析工具来完成。

有人会说，根据现有知识很容易预测未来，比如"预后不佳"。全球气候变化似乎是不可阻挡的，由于资源日益稀缺、污染事件爆炸式增长，未来将变得难以控制。从长远的全球视角来看，情况就是这样。

另一方面，我们从未拥有如此多的方法来改变社会发展方向——不仅仅是技术，也包括政治和文化。因此，重新审视 100 年前的事件是有用的：当时的世界看起来如何？

100 年前，世界上最多有 50 个民族国家。大国寥寥无几，大部分在欧洲，其中一些可以被称为"帝国"。当时中国、印度和土耳其的相对"落后"凸显了欧洲的统治地位。在"美好时代"，一切似乎都是可能的。太平与繁荣持续了近 30 年，直到一根小小的导火索引爆了第一次世界大战。尽管欧洲各国在两次世界大战中尽其所能地相互破坏，但该地区的发展仍然主导着全球的进步，包括美国的发展。除了欧洲的强盛，其他国家的落后也是一个原因。

那段历史似乎已经远去。当时，民族思想处于鼎盛时期，军事力量的使用被迅速触发。尽管民族国家并没有完全失落，但却日益衰败。军事力量的使用在逐渐减少，其他形式的力量，尤其是经济力量，则越来越重要。在 100 年前的世界，国界和时间很重要。许多国界现在已经消失了：在欧洲，许多国家的货币被超国家货币所取代，商品和人的跨国界流动比过去要容易得多。遥远的事物会产生近距离的影响。从某种意义上来说，地球变得扁平化，我们可以通过数字通信轻松找到几乎任何人——

无论他 / 她在哪里。目前，全球约有 46 亿手机用户，而且这个数字还在迅速攀升。[4] 国家、组织和人民间的联系日益密切。虚拟世界以惊人的速度变得与现实世界几乎一样庞大和复杂。金融经济的增长远远快于实体经济的增长。

这些新的网络通常没有受到严格的管理。巴西、俄罗斯、印度、中国和南非（BRICS，"金砖国家"）有什么共同点？其实除了与西方国家处于不同的发展阶段，这五个国家的共同之处并不多。"金砖"这一术语由高盛投资银行的经济学家提出，在世界各地得到广泛运用。尽管金砖国家不像北欧国家一样具有相对统一的结构、目标和价值观，但所有这些国家——除了后来加入的南非，都具有全球雄心，这也是了解这些国家的关键。这个共同点让它们有理由成为政治盟友，让"金砖"一词不仅仅是一个定义市场的简单术语。[5]

很显然，西方主导的世界秩序正在走向终结。世界正在变得越来越多极化。从地缘政治上讲，下一个时代将与过去的西方主导时代截然不同。不过，美国以及欧洲并不会因此从世界版图上消失。世界格局将在很大程度上取决于西方的团结和相互信任。欧洲和美国会始终在同一个阵营吗，还是会各自与其他国家结成重要盟友？历史告诉我们，欧洲从其与美国的交好中受益良多。欧洲曾经"忘记"它与美国的联系，因此造成致命的后果，我们只要想想第一次世界大战后欧洲的境况，就很容易理解合作的重要性。在第二次世界大战中，美国在最后关头拯救了英国——德国差一点就可以打败英国。即使美国参战的直接原因是日本偷袭珍珠港，但它的支持帮助欧洲摆脱了僵局。

　　如今一种很时髦的看法是：美国的影响力大幅滑坡，因此没有必要关注其方向。亚洲正在快速崛起，这里是一些新鲜有趣的事物的发源地。这一观念同样饱受诟病，原因如下所述。

　　首先，即使美国不再"年轻"，欧洲也不再主导全球步伐，但它们仍然有诸多相似的习俗和价值观。其次，除了彼此，美国和欧洲不可能在其他地方找到更可信或更可靠的合作伙伴。欧洲不会与俄罗斯结盟，也不会与中国密切交好。当然美国也如此。归根结底，欧美只有彼此可以依靠。最后，有迹象表明，"金砖国家"最强劲的增长期即将结束：它们上一个十年的表现远远强于当前十年。[6] 俄罗斯的国内生产总值（GDP）过去几年大幅下降，2015年的数值滑落到 2007 年的水平，仅为 2013 年的一半。[7] 同时，民众对加强民主以及解决日益严重的环境问题（包括与使用核能有关的风险）的呼声越来越高。另外，印度受困于效率低下，其陈旧的机构无法满足当今网络世界对灵活性的需求。巴西正在为其过去十年所创建的福利国家付出代价。南非在取消了种族隔离之后虽然取得了一些进步，但实质上却在倒退。

　　此外，世界上几乎找不到理想的领导人，尤其是在西方国家。奥巴马总统开局强劲，但时间证明，他对国际政治的影响令人失望。欧洲经济萎靡不振，即使是经济实力最强的德国也不例外：提出的解决方案既没有远见，又不务实。过去十年经济强劲增长的"黄金时代"已成为回忆，经过不负责任的债务累积，欧洲正在努力使其经济重新走上正轨。与此同时，美国正在从美联储前主席艾伦·格林斯潘（Alan Greenspan）所遗留的财政危机中恢复。而现在，美国人选出了新的总统唐纳德·特朗普（Donald Trump），他的上台将为世界带来更多变数。

万物都已准备好迎接新纪元。

但只有"除旧"，才能"布新"。尤其是对于经济。经济已经成为现代弥诺陶洛斯，它让世界风声鹤唳，造成无数的痛苦和死亡。自然资源的开采造成数不尽的污染，已危及地球的生态系统。贪婪的银行家为创造巨额财富所施展的权术让整个世界乌烟瘴气。[8]

还要记住，经济举措和新企业比任何时候都要宝贵，特别是在旧欧洲。它们创造了人们自我实现所需的安宁与幸福。正是前所未有的勤勉和创业精神支撑着当前的福利社会。

一种强调企业责任和可持续发展的新型商业思维正在逐渐形成。这种思维的先驱、美国户外运动服装巴塔哥尼亚公司创始人伊冯·乔伊纳德（Yvon Chouinard）说道：

> 我们的星球正由于我们自己的行为而变暖。尽管知道要怎么做，我们仍然拒绝采取必要的措施来解决问题。在巴塔哥尼亚，我们已经开始为更加本地化的业务做准备。基于廉价运输的全球经济是不可持续的。我们必须停止使用不可再生能源，开始制造可回收的衣物。我们正在采取措施制造可回收服装。我们这样做是为了不重蹈美国汽车工业的覆辙，避免成为冷漠、贪婪和懒惰的受害者。[9]

支持这种理念的企业领导人不在少数。在 2016 年 1 月召开的世界经济论坛年会上，雀巢（Nestle）、乐购（Tesco）和联合利华（Unilever）等一些著名食品企业集团许诺做出切实努力，以减少全球食品浪费。目前的浪费水平高达总产量的三分之一，如果可以大幅减少浪费，那将对可持续发展大有裨益。[10] 对于像雀巢这样在维护人权和保护环境方面拥有不光彩记录的公司来说，这类举措将有助于它们采取更加文明和道德的商业做法。[11] 芬兰能源公司 ST1 原本是一家汽油零售商，首席执行官米卡·安托宁（Mika Anttonen）将其重新打造为一家从事化石燃料替代品开发的公司，并在其加油站提供乙醇。这种乙醇由有机废物制成，非常适合北方的气候。[12] 我认为这一转变尚处于起步阶段，并将在即将到来的第六次浪潮中兴起。但这并不容易发生，最终还要取决于资本主义经济和商业实践如何开始变化，正如娜奥米·克莱恩（Naomi Klein）最近指出的那样——她说得很对。[13]

在本书中，我将探讨一个经济社会时代向另一个经济社会时代的转变。我的研究以长周期理论为基础，即自从工业革命以来，现代世界经济发展以 40 ～ 60 年为一个时期。在每个周期中都会出现新技术、新方法、新职业和新的生活方式。伴随着信息和通信技术的巨大发展而兴起的第五次浪潮快要结束。第六次浪潮中涌现的技术将更有效地利用所有资源：材料、能源、货币和人力。数字技术在新时代仍然具有重大意义，因为基于数字技术的方法能够减少材料和能源的消耗。

我认为，长周期理论为我们预测未来奠定了更坚实的基础（见第3章）。人、组织和国家的演变与自然界的进化相似，其中我们能看到如季节一般的更迭周期。因此，我们可以将铁路的发展与虚拟世界的发展进行比较。在每一个历史时代，发生改变的都是内容，而不是形式。

我们现在正处于新时代的开端，这在很大程度上与市场发展和经济原理有关。整个亚洲，特别是中国为重塑全球市场做出了巨大贡献，同时推高了材料和商品的价格——21世纪头十年比20世纪末更昂贵。近年来，我们看到，由于全球经济下滑，沙特阿拉伯重新洗牌石油市场，商品和石油价格开始下跌。然而，从长远来看，稀缺性和价格迫使我们最大限度地减少这些因素对生产及消费的影响。

另外，污染和过度开采自然资源的后果越来越显著。亚洲不再有规律的季风性降雨，北极冰盖每个夏天都在急剧减少，各地的鱼类收成也在萎缩。人类已经破坏了生物圈的恒温器，全球各地的平均温度不断上升。这一切都有可靠的科学证明。

人类声称自己是理性的生物。如果真是这样，那么我们对环境问题严重性的认识将会鼓励民众发起抗议。社会结构为我们提供了两个施加影响的方法：投票和消费。现在，每个政党都有一个环境议程。尽管道德产品需要额外的努力和成本，但其消费将会增加。

在书中，我一边勾勒新时代，一边解释开展未来研究的方法。过去30年发生了许多巨变：1985年苏联还存在，"冷战"盛行。

那时没有电子邮件，机场休息室和等候区的人们手上捧着书，而不是手机、iPad 或笔记本电脑。

　　未来，休息室里人们的行为会再次发生变化，但究竟会变成怎样还很难说。准确预测未来是不可能的。即使我们可以准确地预测未来的技术，我们也无法准确地预测我们将如何使用它们。我们当然知道技术将越来越多地融入我们的日常生活中，而且在未来，我们会拥有很多技术，比如皮下植入技术。越来越精密的设备能够更准确地检查我们的健康状况。随着诊断学的飞速发展，疗效将得到改善。人们将越来越多地利用风能、太阳能和潮汐能来发电。

　　人们的习惯和价值观也会发生变化。尊重自然会增加，人们希望与他们的环境建立真实而直接的关联。未来，精神和经验可能不再是我们这个世界的自然组成部分。前几个世纪形成的旧的社会结构和阶级将随着新的社会结构和阶级的出现而消失。新政党登场，一些旧政党则会与婴儿潮一代一起消亡。西方年轻人拥有驾照不再是天经地义的事。

　　40 年后的人们会想知道我们现在的生活是怎样的，就像我们好奇在个人电脑和智能手机出现之前人们的生活。

　　即使我们不知道究竟会发生什么，我们仍然讨论和预测未来。未来不是一个随机事件构成的网络，而是一个复杂的拼图，当你拥有足够多的碎片时，你将能够看到拼图的全貌。我想为读者提供一个工具，或者，用时下流行的话来说，提供一个面向未来的用户界面。

[1] Flannery, Tim. 2010. *Here on Earth: A Twin Biography of the Planet and the Human Race*. London: Penguin Books.

[2] Malaska, Pentti. 2010. *Planetary Statistical Service*. Helsinki: Futura.

[3] *Ibid.*

[4] Statista—The Statistics Portal. 2016."Number of mobile phone users worldwide from 2013 to 2019."Accessed September 9, 2016. http://www.statista.com/statistics/274774/forecast-of-mobile-phone-users-worldwide/.

[5] Stuenkel, Oliver. 2015. *The BRICS and the Future of Global Order*. Lanham: Lexington Books.

[6] Euromonitor International. 2013."The BRICs are More Important than Ever to the Global Economy."Accessed September 9, 2016. http://blog.euromonitor.com/2013/08/the-brics-are-more-important- than-ever-to-the-global-economy.html.

[7] The World Bank. 2016. "Russian Federation." Accessed September 9, 2016. http://data. worldbank.org/country/russian-federation.

[8] Luyendijk, Joris. 2015. *Swimming with Sharks: My Journey into the World of the Bankers*. London: Guardian Faber.

[9] Chouinard, Yvon. 2005. *Let My People Go Surfing: The Education of a Reluctant Businessman*. London: Penguin Books.

[10] Sustainable Brands. 2016. "Nestlé, Tesco, Unilever CEOs Among 'Champions 12.3,' Determined to Halve Global Food Waste." Accessed September 9, 2016. http://www.sustainablebrands.com/news_and_views/waste_not/sustainable_brands/nestle_tesco_unilever_ceos_among_champions_123_determine.

[11] ZME Science. 2015. "Why Nestle is one of the most hated companies in

the world." Accessed September 9, 2016. http://www.zmescience. com/ science/ nestle-company-pollution-children/.

[12] Focus on Finland. 2016. "Solutions for a healthier planet—Biofuel boom driven by ambitious tragets." Accessed September 9, 2016. http://focus. finland.fi/biofuel-boom-driven-ambitious-targets/.

[13] Klein, Naomi. 2014. *This Changes Everything. Capitalism vs. Climate.* Simon & Schuster.

The

sixth

第2章

变数带来的痛苦与激奋

wave

变数、风险和偶发事件是人类世界不可分割的部分。有意思的是，在历史和普通人生活中的各种转折点、偶发事件或随机现象发挥了重要作用。虽然工业社会的进步让许多风险更可控，但越来越复杂的社会增加了偶发事件的可能性。本章将探讨如何才能实现成功的风险管理。

保险行业对风险有一个简单的定义：概率乘以经济损失。风险造成的潜在损害越大，发生的概率就越小。保险单成为20世纪日益复杂的社会中管理风险的重要工具。保险公司承担的风险越大，保险费越高。

然而，只有风险已知，风险成本才能被评估。如果风险未知，情况会更加危险。例如，直到20世纪70年代，人们才发现石棉和癌症之间的关系，当时，将石棉用于建筑保温是盛行的做法。换句话说，建筑承包商和保险公司并不知道它们面临的风险。当这个问题终于被承认和接受后，保险公司不得不为其"无知"付出代价，并支付巨额赔偿金。它们之前没有办法计算风险成本。

"越来越多未来现象的出现概率大于零"被认为是审慎的风险管理的衡量标准。这主要是因为各种制度的复杂性，几乎不可避免地随着社会的发展而增加。

是不是听起来似曾相识？比如，许多人已经觉得欧盟的官僚主义难以忍受。就风险管理而言，这将我们带到了一个临界点：风险只有在其概率可以被评估时才能被管理。未来风险管理的关键问题是，是否有可能使系统保持足够简单。历史告诉我们，没有自觉和坚定的努力，这基本上无法实现。[1]

如果能够发现一些潜在的规律，那么我们将更容易忍受和理解变数和混乱。数学家发现了事件的两个极端：周期性事件，不断复现，极其规律，像老爷钟的钟摆；非周期性事件，唯一且随机，像一盘酱汁意大利面。[2]

观察我们周围的生活，不难看出，几乎所有事件都处于周期性和非周期性事件这两个极端之间。这似乎涉及一定程度的规律性：我们每天早晨起床，晚上睡觉。我们的日常经验告诉我们，昨天发生的几乎所有事情今天都会重现。

但也有例外。有时意外会突然降临，让我们不知所措。谁预见了苏联解体、"9·11"恐怖袭击、金融危机、互联网，以及 Facebook？我可以举出无数个例子。答案是：几乎没有人。同样，在我们的个人生活中，你可能会中彩票，或者心脏病发作——在绝大多数情况下，这两件事都不会在你意料之中。

连续体的非周期性终结的一个例子是 2011 年日本地震，那场天灾改变了所有日本人的生活。这是极端现象，不符合人们对正常事件的普遍观念。因此，预测这类事件是非常困难的，甚至是不可能的。换句话说，可能性微乎其微，但并非完全为零。地震后的事件序列也是如此。如果福岛核电站得到更好的保护，电厂的燃料棒就不会熔化，日本就可以免受这一灾难性事件的影响。

当然，一个根本问题是，究竟有没有可能预测极端现象。纳西姆·塔勒布（Nassim Taleb）在他的《黑天鹅》（*The Black Swan*）一书中说道，要预测极端现象是不可能的，即使随后对于为什么会发生某件事情可能会有若干解释。[3] 然而，这本身就是对"不可能"事件的事后分析，也可以叫作"心理学分析练习"。

事件总是有一些背景，即事件发生的环境。然而有时，随机变量会进入场景，制造一个改变正常轨迹的事件。可能事件的范围取决于不断变化的环境。当随机变量从环境外部进入场景时，就可能触发极端现象。随机变量不遵循任何已知的结构或模式，因此无法预测。

然而，这并不意味着所有事件都具有同等概率，不同的事件可能有不同的概率。虽然一些事件发生的概率比其他事件要大，但一个随机变量就可以改变一切，即使某件事情原本不可能发生或至少极不可能发生。

在极端现象制造出的情境中，没有信息或模型可用于预测或计算概率。另外，这些现象导致我们进入一个这样的世界：越来越多可能的现象必须被分配一个概率，无论多么小。

偶发事件制造破坏

让我们来仔细分析一下日本的地震，你们将会理解我上文所说的意思。

2011 年 3 月 11 日，日本发生里氏 9.0 级地震，这是日本历史上最强烈的地震。没有人想到会发生这次地震。科学家无法预测每一次地震，他们也不知道短临地震有什么地质迹象。

他们能做的只是估算某些地区的地震概率。根据美国地质调查局的统计，未来 30 年加州南部地区发生 7.5 级或更高级别地震的概率为 38%，下周发生的可能性为 0.02%。科学家们已经尽了最大的努力。[4]

这里的关键在于，尽管科学家们做了最大的努力，但他们仍然没有用于预测单次地震的模型、方法或信号。他们研究了电磁辐射的变化、氡浓度的增加、实际地震发生的前震和动物行为的变化。虽然这些都是一些地震发生前被观测到的现象，但即使没有地震，这些事情也可能发生。

换句话说，这些信号都不能实际预测地震。只要这种情况没有改观，科学家就无法预测特定地点的地震事件。这就是为什么每一次大地震都是意外。然而，很可能在未来几年，科学家们将会开发出可靠的预测方法。在美国，美国国家航空航天局（NASA）的科学家们正在研究大地震之前的异常电磁信号，理论是岩石压缩可能导致地球中形成正电荷。这被认为是早期预警系统的基础。

在这个例子中，自然事件或自然灾害是一个难以控制的变量。另一个变量是社会对灾难的反应。福岛核泄漏事故发生一年多以后，由日本议会任命的事故调查委员会得出结论：这场事故既是天灾，也是人祸。[5]

得出这一结论的原因是，首先，尽管地震异常强烈且 9.0 级地震几乎无法被测量，但在 21 世纪以前，如此强烈的地震已经发生过两次，分别在苏门答腊（2004）和智利（2010）。这场地震本身是超常现象，但并非没有先例。福岛事件之前，在 1995 年的神户大地震中，由于准备不足和救援工作缓慢，日本损失惨重，这已经提醒过日本人，他们对于影响市中心的地震并没有充分的应对措施。

其次，地震产生的 14 米高的海啸轻易洗劫了福岛 5.7 米的海堤。这最后一道保护措施根本无力与海啸抗衡。

问题是几乎很少有人能预见此类事故。海啸登陆时，海水淹没了工厂的备用冷却系统，由于没有电力，紧急制冷系统没有启动。最终，由于核电厂的负责人没有预料到这种情况——因为监管当局没有要求他们这样做，导致后面的一系列事件完全失控。

事后看来，如果满足以下几个条件，福岛核事故就可以避免。

（1）有人意识到可能发生这种大地震，并且对地震可能造成的后果进行模拟。然而，在现实中这种可能性被忽视，因此没有人试图评估这种灾害对关键基础设施（如核电厂）的直接和间接影响。

（2）有工具来预测地震会袭击这一特定地点。然而，没有任何工具可用于预测地震的位置，因此事故发生出乎所有人的预料。

（3）当时进行了迅速有效的救援。然而事实恰恰相反——响应过于缓慢，重要的信息被隐瞒。此外，电厂员工没有收到任何关于如何在这种情况下做出反应的指示，因此酿成了天大的灾祸。

（4）有人意识到这样的事情可能会发生。无人愿意为意外而极端但完全可能的情况做准备。福岛事故是所有极端情况中最极端的，国际原子能机构（IAEA）将福岛灾难列为最高级的核事故。该事故对人类、社会和经济的影响几乎是难以想象的。

在一个无常的世界中，唯一可能的拯救方法就是为任何以及所有可能性做好准备，并在事件发生时立即做出回应。遗憾的是，日本人没有做到。专家们对核电厂的风险有一些概念，但普通市民并不了解这些风险，也没有人在公开场合讨论这些风险。事故发生后缓慢的反应和信息隐瞒使情况大大恶化。

一份由日本政府授权发布的评估报告对此进行了严厉抨击："由于诸如海啸等重大事件而造成无法控制的核事故，这是绝对不可原谅的。"[6] 该报告由日本议会委托发布，报告指出，福岛核电站事故"不能被视为自然灾害，是一场重大的人为灾难，可以而且应该被预见和预防"。最后的结论是，事故原因是故意疏忽，"政府、监管机构和电厂运营者并未认识到他们保护人民生命及社会的责任。他们严重违反了保护国家不受核事故侵害的义务"。[7]

单是 2011 年的地震就对日本造成了巨大冲击，加上后面人为疏忽造成的核事故，让日本对技术造成的风险猛然觉醒。核电就是一个很好的例子，因为它是市场上第一种被广泛使用、涉及严重风险但并未被保险公司甚至保险集团纳入保险范围的技术。

那么福岛事故中究竟有多少偶然因素呢？为什么福岛炉心熔毁发生在 2011 年 3 月？

究其根本，这不是一次偶发事件。将事故判定为偶发事件实际是将责任归咎于不应受指责之物，比如大自然。如前所述，社会有日趋复杂之势。日益增加的复杂性应该有更完善的管理体系来配合。两者失衡势必导致兼容性问题。2011 年 3 月的事件就是一个例子，这次事故改变了整个日本未来的进程。被认为不可能的事情成为可能并不是巧合，只是人们没有为这种可能性做好准备。其中唯一的偶然因素也许是事故发生的时间。

人们的知与不知也不是偶然。唯一可能的偶然因素是我们如何回应我们的知与不知。2002 年，在美国入侵伊拉克之前，国防部长唐纳德·拉姆斯菲尔德（Donald Rumsfeld）在新闻发布会上被问及是否有证据表明萨达姆·侯赛因（Saddam Hussein）确实为基地组织提供支持。拉姆斯菲尔德含蓄地答道：

> "世界上存在已知的已知，有些事情我们知道自己知道。我们也知道世上存在已知的未知，也就是说有些事情我们知道自己不知道。此外还有未知的未知，即我们不知道自己不知道的事情。"[8]

拉姆斯菲尔德的回答以有趣的方式解读了人们思考"自己

知道什么"的方式。他可能想传达一个隐晦的信息：美国当时真的不知道萨达姆·侯赛因与恐怖分子的联系。美国政府中有人以为他们知道，但他们并不确定，更不可能承认。

对于日本当局，福岛核事故是一个"未知的未知"，没有人知道他们不知道可能会发生这样的灾难。由于他们的"不知"，他们事先没有制订任何应急方案来应对此类灾难。我们必须提醒自己，福岛核事故离神户地震不到 20 年。

福岛漠视过去几十年来由系统思维发展而来的权变理论。权变理论假定组织应尽可能开放，并不断衡量未来的可能性。在福岛的案例中，核事故风险的可能性被有意识地排除在可能事件的范围之外。核事故是一个"未知的未知"，即使其风险本应被明确知悉，这为可怕的灾难埋下了伏笔，给日本经济造成了巨大的冲击。福岛核事故发生后，投资者从市场中撤出资金，日经指数急剧下跌。

一些令人感到意外的偶发事件可能只是惰性思维，在某些时候可能会让你付出高昂代价。让我们回忆一下世界历史上最具戏剧性的几个转折点，比如第一次世界大战爆发。是否存在这样的可能：一个引发一系列事件从而导致战争的原因是，各个国家的行为的潜在后果未得到充分考虑？是否真的有人预见希特勒在德国的发迹会给世界带来什么？1939 年夏天，圣雄甘地给希特勒写了一封信，敦促他考虑坚持发动战争的代价和后果，希特勒当然没有听从这个建议，从而造成了毁灭性的后果。这两个例子说的是同一个道理。

如何在无常的未来前行

苹果公司的创始人史蒂夫·乔布斯（Steve Jobs）出了名的固执己见。他经常给工程师和程序员布置不可能的任务，如果结果达不到他的严格标准，他会毫不含糊地指出。众所周知，他常常将工程师的努力视作垃圾，无论他们对项目投入了多少汗水。他毫不留情地质疑一切。正如他的传记中所写的那样，即使是他最亲近的人，也难以适应他暴躁的脾气。[9]

然而，在乔布斯不近人情的指示下，不可能经常变成可能。如此多的人迷恋苹果产品，正是因为没有人像乔布斯一样细致和周密。他知道他想要什么，即使他不一定知道要如何实现。他认为没有解决不了的技术问题。正因为如此，苹果才能成为世界上最著名和最成功的科技公司——尽管在环保和社会责任方面苹果做得远不尽如人意。

乔布斯以自己的方式思考和行动，就像一个梦想家。他对理想的未来有清晰的设计和构想。未来作为一种希望——至少是一种愿望——而存在。就像维特根斯坦（Wittgenstein）的学生、哲学家乔治·亨利克·冯·赖特（Georg Henrik von Wright）所说的那样，人类与动物的区别在于：人有目标。[10]

目标并不是未来的唯一决定因素，尽管它的确扮演着重要角色。然而，在很大程度上，目标确实有助于消除世界的不确定性，这主要是因为人总是通过自己的目标来解读世界。目标帮助我们了解世界并保持秩序。心理学家发现，意志力及其关键因素——自我约束——对一个人的职业发展至关重要。[11]

我们也可以从概率优势的角度来思考未来。概率的世界充满危险。最优秀的专家对人口增长的大部分预测都与现实相去甚远。技术预测也是如此。1943 年，IBM 总裁托马斯·沃特森（Thomas Watson）预测，在未来的世界里，全球市场大约需要五台计算机。同样著名的还有，1976年，数字技术先驱肯·奥尔森（Ken Olson）不明白为什么所有人都想在家里安装一台计算机。[12]

概率比其他任何事情都更容易引导我们的思维。举一个例子，21 世纪初，芬兰森林工业通过在欧洲和美国购买公司，在造纸行业投资了约 85 亿欧元。这些投资基于这样的预设：世界可能会像以前一样运转，人们将继续使用纸张，纸张市场将继续保持强劲。

事实证明，随着数字化进程的推进，纸张需求迅速萎缩，芬兰森林工业犯了一个巨大的错误。归根结底，行业高管决策错误的原因是，他们没有看到世界在变化，他们根据过去的发展对当前的世界得出一个虚假的印象。所以说概率是如此危险：它们引导我们根据过去的经验评估未来。

另外，我们需要概率，因为我们正是通过概率来定位未来。重要的是要知道，明天太阳会再次升起，我们的薪水会在本月的某一天如期而至。概率减少偶发事件的范围。从春季的时尚趋势到大气中的二氧化碳含量，所有预测的基础都是概率计算。

未来也可被视为潜在的可能。福岛灾难发生的可能性非常低，但仍然是可能事件。人们很少为被认为不太可能、不合期望的未来做准备。但正是这种想法导致了"冷战"期间情景法的发展。

"冷战"的根源是美国与苏联的意识形态对抗,在"冷战"中,概率是个不容忽视的因素。在那些年,为一个不太可能和不太理想的未来情况——"冷战"变成一场"热战"或是一场核战——做准备被认为是最重要的事情。这种准备在 20 世纪 50 年代所谓的情景法(见表 2-1)的发展中起了重要作用,"情景"的概念取自电影业,指的是电影或戏剧的手稿。[13] 美国物理学家赫尔曼·卡恩(Herman Kahn)当时在五角大楼担任国防和情报官员,他渴望开发一种方法来更系统地描述"冷战"可能的结果。

表 2-1　情景:情景是什么,不是什么?

情 景 不 是	情 景 是
对未来的预测	关于未来的合理故事
不确定的乌托邦	清晰一致
不合逻辑的	内在逻辑
相同趋势的变化	彼此不同
专注于不相关的细节	关注重点
无视基本战略问题	与基本战略问题相关
只是戏谑未来	对未来引人深思的和有意义的描述

在一个受到核毁灭威胁的世界中,卡恩的基本原则是"思所不能思",也就是考虑如果核战争真的爆发,世界会怎样。从 20 世纪 50 年代起,卡恩就开始敦促美国的政治和军事领导人就核战争之后的世界表明立场。与此同时,他反对当时盛行的"新面貌"战略,即美国应争取率先发动核攻击,因为苏联的武装力量要强得多。

卡恩认为这是一个非常危险的策略。相反，他希望美国能让苏联相信，即使苏联成功发动了第一次核打击，美国仍然有能力进行反击，并将继续对抗，直到赢得核战争。苏联为了理性行事，必须在规划自己的第一次核打击时考虑到这一点。

首先，卡恩想迫使美国的政治和军事领导人思考核战争之后的世界。他希望让他们知道，核战争爆发后，世界会发生怎样深远的变化——最糟糕的情况是，地球上所有生命灭绝。我们有必要面对和接受不愉快的选择：如果一个人不情愿或不能够思考和衡量不愉快但有可能的结果，那说明他可能没有准备好，因此在意外事件发生时无法做出反应。

在商业世界，第一个对情景规划感兴趣的人是壳牌石油公司前任企划部主任皮埃尔·瓦克（Pierre Wack）。20世纪70年代初，他深信两种现象将对未来产生重大影响：一方面，阿拉伯世界的动荡严重撼动了石油生产国持续25年的稳定，这对于石油公司建立优势地位和创造巨额利润至关重要；另一方面，石油行业的每个人都意识到了这一点，但没有人准备对此采取实际行动。虽然中东的压力日益增加，但所有人都认为，像以前一样，紧张局势会缓解，西方霸权将继续盛行。

瓦克熟知世界政治，对不同的文化有深刻的理解。他很快意识到，阿拉伯人想要改变制度，能源危机不可避免，这将对油价造成极大的影响。瓦克的分析表明，最初一个小小的可能性正在变成一个可期的未来。他知道他现在必须说服壳牌的同事相信这个可能性，并帮助他们为未来的变化做准备。这当然不容易，因为他的同事对这样一个挑战他们现有世界观的消息毫无兴趣，也毫无准备。

然而，瓦克并没有放弃，他让壳牌公司全球各地的高管们考虑：当原油价格从每桶（159 升）2 美元涨到惊人的 10 美元时（以现在的价格来算，相当于油价从每桶 40 美元飙升到 200 美元），他们能做什么。瓦克设法让这些高管们为这种情况做准备——首先考虑石油危机带来的成本。最重要的是，他让他们知道，未来不是过去的延续。"预测并不总是错误的，"他说，"世界的变化并不总是有规律可循，正是这样才使预测变得危险，因为在最需要它的时候——在不断变化的环境中预测能让现行战略过时的重大变化——它总是失败。"[14]

正如瓦克预测的那样，1973 年，石油危机爆发；1975 年，石油价格激增至每桶 13 美元。瓦克还帮助壳牌公司预测了 20 世纪 70 年代末的第二次石油危机，这次危机的导火索是伊朗革命。两次成功的预测使得壳牌的增长远远超过竞争对手。

即使到今天，壳牌仍然以其全面和开创性的应变方案而闻名。最后一套官方案例于 2016 年 5 月发布。[15] 遗憾的是，这并没有真正转化为业务措施：几十年来，壳牌公司以不负责任的态度在尼日利亚开展业务，石油泄漏对尼日尔河三角洲造成了巨大破坏。[16] 公司在北极的做法饱受诟病，这也是壳牌 2015 年决定放弃北极钻井业务的原因之一。[17] 就连最近的一个方案"构建途径，实现净零排放"——体现了壳牌的激进思维——也未能变成行动。

风险管理和社会长波

工业时代的跨越式发展可以用长周期理论来分析。一个长周期通常为 40 ～ 60 年。与前几十年的蒸汽机、铁路、汽车和电气化一样，20 世纪 70 年代的第一次石油危机让世界进入了一个新时代，这个时代见证了新技术结构的发展（如需深入了解该主题，请参阅第 3 章）。它也彻底改变了人们的生活，改变了公司和国家。计算机、手机和互联网为企业新的成功故事奠定了基础，也改变了人们的行为，但这样的剧变也为下一次危机埋下了伏笔。

2008 年秋天开始的金融危机的根源可追溯到前几十年的发展。美国经济学家努里埃尔·鲁比尼（Nouriel Roubini）比任何人都清楚这一点。[18] 根据他 20 世纪 90 年代后期对几个发展中国家——泰国、印度尼西亚、韩国、巴西、俄罗斯和阿根廷的经济危机的研究，他发现，这些国家有一个共同点：不断增加的经常项目赤字。换句话说，这些国家的支出超过了它们的收入，只能从外部借钱来保持经济活力。此外，银行监管机制不足，使银行无须为其不负责任的做法担责。

鲁比尼将焦点转移到类似模式的国家。2004 年，他意识到美国经济也符合这一描述。美国显然不是一个发展中经济体，但它同样适用于这一推论。他的主要发现是，美国的国家债务将达到惊人的水平。他的预测是对的：2008 年，美国的国家债务高达 5 万亿美元（到 2017 年 1 月已经达到近 20 万亿美元）。[19] 同时，美联储将利率降至接近零，房地产市场暴露了债务负担的真实规模。

鲁比尼——他很快会得到一个昵称"末日博士"——坚持认为，我们必须读懂危机来临前的迹象，并认真对待潜在的后果。他于2006年9月在国际货币基金组织（IMF）的会议上向全球的顶尖经济学家表达了自己的观点。鲁比尼认为，美国即将面临前所未有的房地产泡沫、石油危机、消费者信心崩溃和严重的经济衰退。这些事件将这样展开：由于房屋贷款证券化，数十亿美元将在世界金融市场上流通，同时经济将走向财政悬崖，进而使对冲基金、投资银行、抵押贷款人等许多债权人陷入危机。[20]

事后看来，鲁比尼的预测非常准确地描述了那场会议后的几年发生的事情。不过，他的听众——那些最专业的经济学家对此持怀疑态度，甚至不屑一顾。这些人很可能得出了与鲁比尼完全一致的分析结果，但他们还是不相信他，因为当时的世界看起来安定平和——失业率很低，通货膨胀率很低，经济保持增长。鲁比尼没有让他的思维受到盛行的经济学理论的束缚。他根据自己的经验和专业知识，将拼图碎片拼凑起来，并对潜在后果进行了深入分析。在他发表演讲两年后，他对未来的展望以让世界颤抖的方式成为了现实。

机会和未来

我们可以从中得出结论：人类、自然和社会是由许多因素塑造和引导的，其中一些因素可以被清楚地理解和观察，包括经济的长周期、自然选择以及各种关系中的吸引因素。然而，仍然有大量因素完全随机或超出我们的理解。

科学研究的最终目的在于提炼知识，让人们能够理解现实。随着可理解的事物越来越多，偶发事件和神秘事件必将从我们的世界消失，纵使过程会十分缓慢。正如各个时代的伟大探险家发现新大陆一样，今天的探险者正在慢慢解开宇宙诞生和进化的奥秘。

然而，我们发现的每一个答案都会引出十几个新问题。因此，最终我们还是要面对变数。 在这个无常的世界中，我们必须自己创造未来——一个我们尽可能掌控的未来。

参考文献

[1] Tainter, Joseph. 1988. *The Collapse of Complex Societies*. New York: Cambridge University Press.

[2] Casti, John & Wilenius, Markku. 2015. Seizing the X-events: the sixth K-wave and the shocks that may upend it. *Technological Forecasting and Social Change,* 94, 335-349.

[3] Taleb, Nassim Nicolas. 2007. *Black Swan. The Impact of the Highly Improbable.* New York, US: Random House.

[4] United States Geological Survey (USGS). 2016. "Bay Area Earthquake Probabilities." Accessed March 8, 2016. http://earthquake.usgs.gov/ regional/nca/wg02/results.php.

[5] *CNN.* 2012. Japanese parliament report: Fukushima nuclear crisis was "man-made." Accessed March 8, 2016. http://edition.cnn.com/2012/ 07/05/world/

asia/japan-fukushima-report/.

[6] Prime Minister of Japan and his Cabinet. 2016. "Report of Japanese Government to the IAEA Ministerial Conference on Nuclear Safety" at TEPO's Fukushima Nuclear Power Stations. Accessed September 13, 2016. http://japan.kantei.go.jp/kan/topics/201106/iaea_houkokusho_ e.html.

[7] The National Diet of Japan. 2012. The Official Report of the Fukushima Nuclear Accident Independent Investigation Commission. Accessed September 13, 2016. https://www.nirs.org/fukushima/naiic_ report.pdf.

[8] U.S. Department of Defence. 2012. DoD News Briefing — Secretary Rumsfeld and Gen. Myers. Accessed September 13, 2016. http:// archive. defense.gov/Transcripts/Transcript.aspx?TranscriptID=2636.

[9] Isaacson, Walter. 2011. *Steve Jobs*. New York: Simon & Schuster.

[10] Von Wright, Georg H. 1971. *Explanation and Understanding*. Ithaca: Cornell University Press.

[11] Baumeister, Roy & Tierney, John. 2011. *Willpower: Rediscovering the Greatest Human Strength*. London: Penguin Books.

[12] PC World from IG. The 7 Worst Tech Predictions of All Time. Accessed September 13, 2016. http://www.pcworld.com/article/ 155984/ worst_ tech_predictions.html.

[13] Screenplayology. 2016. History of Scripting and the Screenplay.Accessed March 8, 2016. http://www.screenplayology.com/content- sections/ screenplay-style-use/1-1/.

[14] Wack, Pierre. 1985. Scenarios: Uncharted Waters Ahead. *Harvard Business Review*, Sept-Oct 1985, p. 1.

[15] Shell Global. 2016. Shell scenarios. Accessed September 13, 2016. http://www.shell.com/energy-and-innovation/the-energy-future/scen arios.html.

[16] *The Guardian.* 2014. Shell and Nigeria have failed on oil pollution clean-up, Amnesty says. Accessed September 13, 2016. https:// www. theguardian.com/ environment/ 2014/ aug/04/ shell-nigeria-oil-pollution-clean-up-amnesty.

[17] *The Huffington Post.* 2015. Shell Comes Up Empty: A Moment of Clarity. Accessed September 13, 2016. http://www.huffington post.com/ susan-murray/shell-comes-up-empty-a-moment-of-clarity_b_ 8259454. html.

[18] *The Guardian.* 2009. He told us so. Accessed September 13, 2016. https://www.theguardian.com/business/2009/jan/24/nouriel-roubini-credit-crunch.

[19] National Debt Clocks. 2016. National Debt of United States. Accessed March 8, 2016. http://www.nationaldebtclocks.org/ debtclock/unitedstates.

[20] Mihm, Stephen. 2008. Dr. Doom. Accessed March 8, 2016. http:// www. nytimes.com/2008/08/17/magazine/17pessimist-t.html.

The

sixth

第3章

进步的浪潮

wave

未来存在于关于它的结论和为它所制订的计划中。目前，人们对未来的走向有很大的分歧。有研究人员认为，未来的方向由稀缺事物所决定。[1] 其他人则认为我们将迎来一个丰富的世界，我们实际上处在一个新时代的开端，即将进入人类进化史上最波澜壮阔的时期。[2] 还有一些人认为，我们迅速扩张的系统是如此脆弱，文明随时可能崩塌。[3]

无论如何解读当前形势和未来走向，很少有人会否认人类从未面临如此巨大和严重的问题——气候变化、土壤贫化、水资源和能源短缺、垃圾问题、鱼类减少、雨林消失、生物多样性减少，这些都是最严重的环境问题。同时，自然资源与其利用之间的矛盾很可能会扩大。尽管人口增长放缓，但根据联合国的统计，到2050年，全球人口仍将达到97亿。[4] 经济合作与发展组织（OECD）估计，到2030年，中产阶级将从现在的20亿增长到50亿。[5] 这将对自然资源造成巨大压力，因为自然资源的消耗速度在日益加快。这些因素加在一起，似乎将导致不可避免的结果，即人口增长和地球有限的资源将走向冲突。太多的事实证明，人类已经消耗了太多不可再生资源，以满足不断增长的人口的需求。[6] 例如，全球生态足迹网络（Global Footprint Network）计算出，2016 年 8 月 8 日，人类已经透支完当年的可再生自然资源。那天之后，地方资源存量开始下降，大气中过多的二氧化碳进一步加剧全球变暖。[7] 在过去两个世纪里为人类创造了空前财富的社会进化很可能将摧毁人类。

这个问题从本质上讲是个道德问题：人类不负责任地开发自然资源。毫无疑问，现在是改变的时候了。大约 10 年前，联合国一项关于生态系统现状的研究项目——千年生态系统评估（Millennium Ecosystem Assessment）估计，世界上大部分生态系统已经深受人类行为之害。[8] 世界野生动物基金会（WWF）生命地球指数（Living Planet Index）显示：自 1970 年以来，哺乳动物、鱼类、鸟类、爬行动物和青蛙的数量减少了一半。[9]

全球生态足迹网络推测，我们需要一个半的地球，才能在不影响未来世代的情况下满足全球人口的需求。[10,11] 世界银行报告说，全球约 86% 的人口生活在环境和自然资源持续损耗的地区。这些指标表明，由于我们过度使用资源，生物圈即将到达一个转折点。一旦到达这个转折点，一切将无法挽回，特别是在气候变化方面。[12]

这些信息说明，我们必须转变思维。世界的创造力应当被用于解决人类的大问题。因此，我们不仅需要新的技术解决方案，而且还需要更智能的衡量方法，用于分析 GDP 增长以外的东西，比如人类的进步和幸福水平的提升。我们还要思考，在一个经济语言似乎渗透进所有互动的社会中，经济是否过度参与了人

类的生活？必须用经济学术语评估一切吗？究竟什么才是衡量
幸福水平提升的最佳方法？

这种思维的转变听起来像是一个理想主义和乌托邦主义的
解决方案。考虑到我们时间紧迫，实施推移战略显然来不及。
单个人的行为都很难改变，更别说一个庞大的群体了，即使成
果明显，也很难维持。长期未兑现的国际气候变化决议证明（纵
使 2015 年巴黎气候大会取得了不错的成果），依靠国家间的合
作来推动改变有多么困难。即便如此，我们还是看到了一些改
善：感谢一系列抵制破坏臭氧层的行动，臭氧层空洞正在缩小，
预计到 2050 年将完全消失。[13]

我花了很长时间努力了解社会变迁，最终得出结论：人们
必须在一个"承认什么是不变的"和"从历史观点上说，什么
必须改变"的框架下实现社会进步和变革。我发现，某些形式
和节奏在历史上总是重复。每个时代创造的内容是新的。了解
社会变革的动态——那些迅速而有力的转折——尤其重要。这也
有助于人类做出更大范围的预测。

这种想法得到了康德拉季耶夫长波理论的支持[14]。长波是未
来研究的基本概念。我在全球最大的私人保险公司（安联）工
作时，对长波理论产生了浓厚兴趣。那是 2008 年，世界经济正
面临着一场巨大震荡。当那年秋天经济海啸真的发生时，我开
始思考要如何才能充分了解这种不受约束的经济波动。这时，
我想到了康德拉季耶夫近 100 年前提出的长波理论，该理论认为，
经济——实际上整个社会——都在周期、浪潮和规律中运行。接

下来，让我们来深入了解什么是长波理论。

康德拉季耶夫长波理论

康德拉季耶夫长波由著名长波学者尼古拉·康德拉季耶夫（Nikolai Kondratiev）命名，指的是为期 40～60 年的经济波动。康德拉季耶夫在他的研究中，对经济活动长周期的假设进行了严格和系统的验证。如前所述，康德拉季耶夫与他之前的长周期研究者的主要区别是，康德拉季耶夫利用了当时可用的最新和最复杂的统计分析方法。在他的实证分析中，康德拉季耶夫使用了商品价格、工资、对外贸易、原材料生产率和消费率以及私人银行储蓄[15]等经济活动中的关键指标。[16]

康德拉季耶夫认为，现代经济的波动周期为 40～60 年（被称为"康德拉季耶夫周期"或"康波周期"），周期总是以渗透经济和社会制度的技术创新为起点，进而是长期的经济回升和生产力的稳步提高。这样的发展带来新的价值体系、社会实践和组织文化。然而，从某一时刻，新技术网络的投资回报开始降低。这导致信贷需求停滞，在周期再次开始之前，实际利率下降到零。这个模式在过去 200 年的每一次重大经济危机中得到证实，包括上一次金融危机。因此，我们有一个可观察的、结构化的时间模式来定义我们的经济（见图 3-1）。

关于周期的时间目前尚无共识，不同作者使用的年表略有不同。关键驱动因素，特别是第六次浪潮的驱动因素也有差异。

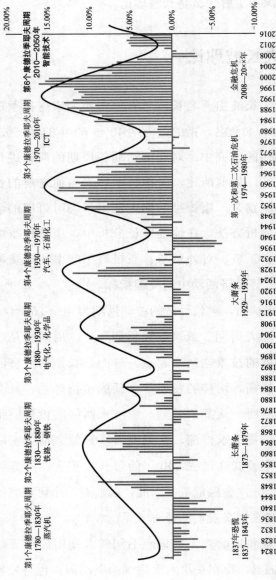

图 3-1 工业化诞生以来，社会发展的周期模式

注：自 1814 年至 2016 年 1 月期间，标准普尔 500 指数十年回报（%，p.a.）。

数据来源：DataStream, Bloomberg, Allianz SE.

图示：Helsinki Capital Partners

　　对于康波周期的存在，最通俗的一种解释来自对技术创新集群的研究。这个因果假设最初来自于约瑟夫·熊彼特（Joseph Schumpeter），他主要探究创新和技术如何影响经济增长，他早期的切入点是长期的经济增长模式及其与创新的关系。因此，熊彼特的框架基于这样一个观点，即主要创新的时间集群创造了新的机会，这反过来加速了经济增长。[17] 康波周期理论的许多有趣观点都以此为依据，通过通信、能源、生产或运输技术等关键领域的变化来解释历史增长模式。

　　为补充熊彼特的原始理论，格哈德·门施（Gerhard Mensch）提出了一个观点：根据准期投资行为来看，主要创新发生在经济衰退期间。他认为，在繁荣期间，投资者倾向于投资风险较小的机会。[18] 熊彼特—门施理论认为，技术创新是周期的主要驱动力。这一观点启发了与康波周期有关的主流文献的产生。

　　有人对康德拉季耶夫研究者的著作进行了汇编，不可思议的是 [19]，（所有最受尊敬的康德拉季耶夫研究者中）没有一个作者暗示会发生类似于大萧条的经济崩溃，而当时距离大萧条仅几年时光。相反，著名的未来学家哈罗德·林斯顿（Harold Linstone）预计，由纳米和生物技术驱动的第五次康波周期的上升阶段将持续到 2024 年。他预计，到 2024 年，曲线将会转变为第六次康波周期的下滑阶段。[20] 我们现在可以清楚地看到，从 2008 年金融危机开始，向下一个周期的转变已经开始了。

　　同样，著名未来学家吉姆·达托尔（Jim Dator）并不认为当前的周期必然会在几年后崩溃。但他在文中指出，银行向民众推出信用卡的做法引发了消费性开支的长期增长，他认为这一趋势本应导致现有周期的崩溃，然而却没有。他真正要表达的是，康波周期可能只适应于过去，我们应该寻找新的理论，引导我们探索不可知的未来。[21] 类似地，未来学家约尔迪·塞拉（Jordi Serra）质疑康波理论太僵化，并不适用于风险日益增加、不稳定性日益加剧的世界。[22] 现在，凭借后见之明，我们可以说，2007—2008 年金融危机的爆发的确证明了风险越来越大。在塞拉的其他反思性文章中，并没有关于潜伏的金融危机的明确预测。

诚然，在普通经济学家当中，重复周期的概念一直饱受争议。他们发现的关键问题是缺乏经验证据。著名评论家安格斯·麦迪逊（Angus Maddison）对长周期理论的看法是：

> 我的基本结论是，经济活动中是否存在规律的、长期的节律性运动尚未得到证实，尽管研究者在寻找证据的过程中提出了很多诱人的假设。不过，自 1820 年以来发展势头显然发生了重大变化，因此需要一些解释。在我看来，我们不能从系统的长周期中寻找答案，而应该将目光转向特定的干扰。重大的制度冲击在某些方面改变了资本主义发展的势头。[23]

然而，在理论经济学领域，长周期和波动属于进化经济学领域。我们越深入地理解创新、趋势、变化或普遍的长期发展——

特别是熊彼特的理论——我们就越是会使用康德拉季耶夫周期作为理解变革模式的工具，而不是凭经验证明历史在机械地自我重复。康德拉季耶夫以及熊彼特的框架是长期均衡的，目的是描述真实的经济增长路径。

　　麦迪逊同意康德拉季耶夫关于"制度冲击始终是干扰经济增长的事件"的观点。但他认为，这些冲击是纯随机的，而这里的争论在于，制度本身产生的冲击是内生性的。表 3-1 展示了工业社会 200 多年历程中经济表现的一个可定义模式。虽然它不能被称为是对经济史的高度准确的描述，但它肯定有助于我们了解现代社会如何发展，并为我们提供一个有趣的视角来展望未来。德国经济学家利奥·莱菲多（Leo Nefiodow）在收集长周期的经验证据方面做出了突出贡献。[24] 我非常同意他对于过去周期的分析。

表 3-1　工业社会发展浪潮的演替

康波	第一次浪潮	第二次浪潮	第三次浪潮	第四次浪潮	第五次浪潮	第六次浪潮
时间	1780—1830 年	1830—1880 年	1880—1930 年	1930—1970 年	1970—2010 年	2010—2050 年
驱动因素	蒸汽机	铁路、钢铁	电、化学品	汽车、石油化工	数字通信技术	智能化、资源节约型技术
主要应用领域	服装行业和能源	运输基础设施和城市	公用事业和批量生产	人的流动和货运	个人电脑和手机	材料和能源的生产和分配
人们的关切	获得体面生活的新途径	向外、向上发展	建筑维修	允许自由	创建新的空间	整合人类、自然与技术

　　由于本书的主题是"未来"，因此我打算描绘的未来图景不是完全随机的，而是过去的可追溯模式的结果和高度动态的发展，影响因素包括经济、社会、政治和文化。这种方法不会忽视意外、不连续性或其他戏剧性的变化，它只是想说明，我们应该利用这些规律来理解未来，因为这是我们预见未来的不可或缺的方式。

　　接下来，我将阐述我对康波周期的观点，并以一个粗略的年表来呈现，其中每个周期都由一项关键技术或社会技术"革命"来定义。这里采用的年表与上述作家的设想明显不同。我的解释将最近的金融危机作为一个明确的分界线，表明从第五次浪潮到第六次浪潮的转变。[25]

　　第一个康德拉季耶夫周期（约 1780—1830 年）由蒸汽机的发明所驱动，蒸汽机的出现使工业化初期的生产力大幅提高。第二个周期（1830—1880 年）由铁路的发展和钢铁的大量生产所主导，两者对工业生产的增长至关重要。第三个周期（1880—1930 年）的驱动因素是全球电气化趋势和化学品在农业中的广泛使用，这也加快了医药创新的步伐。这个周期结束于 20 世纪 20 年代到 30 年代的大萧条。

　　第四个周期（1930—1970 年）见证了福特 T 型车的出现和整个汽车工业的发展，其中石油化工的发展起到了助推作用。这段时期生产力的提高大部分来自汽车工业的发展。70 年代初爆发的石油危机结束了长久以来的低油价和平稳的经济。然而，同样在这个时期，出现了一些重要的创新，如微处理器，它带领人类迎来了第五个周期（1970—2010 年）。第一台微型计算机在加利福尼亚的一个车库诞生。稍后，第一代无线通信北欧移动电话网络（全球移动通信系统的前身）在芬兰群岛建成。随后的几年中，这些基础创新不断发展和完善并在全球普及，创造了全新的产业部门。

芬兰诺基亚公司成为电信巨头是信息和通信技术（ICT）时代到来的象征。但是我们要知道，它尚处于萌芽时期。诺基亚在第五次康德拉季耶夫浪潮中乘势前行，充分展现了实力。这次浪潮提高了经济和社会体系的生产力。我们再一次看到一个特定的创新如何解决前一个浪潮在发展中出现的一些关键问题，同时为下一个浪潮创造挑战。第四次浪潮通过工业和经济增长使西方经济大规模扩张（特别是第二次世界大战以后），第五次浪潮则是创建了一个新的虚拟基础设施来管理这些活动。生产能力的全球再分配和供应过剩是第五次康德拉季耶夫浪潮遗留下的因素。要应对前面几次浪潮的结果——汽车、石油、技术和服务的大量分销，第六次浪潮的参与者必须解决上一阶段的问题，同时进一步提高经济生产力。

在之前的浪潮中，过度使用能源和材料，加上技术薄弱，导致严重的石油化工污染。单是这一点就决定了第六次康德拉季耶夫浪潮的议程，并为未来40 ～ 60 年的全球发展奠定基调。对更高的资源效率的追求将引导企业和社会的发展，从而定义新的产品和服务。

信息和通信技术在第五次浪潮中至关重要。像前面浪潮中的其他新技术一样，信息和通信技术提高了生产力。同时，我们看到，越来越多投资者寻找有利可图的新投资目标（见图3-2）。资本最终淹没了美国和其他地方的房地产市场。随后的经济过热导致巨大的银行危机，或所谓的"金融危机"，在2009年达到顶峰。直到现在，其影响依然强烈，尤其是在欧洲。

我们可以这样理解康德拉季耶夫周期：经济与社会之间的内部动态由政治、技术和经济之间复杂的相互作用组成，经济衰退后，经济繁荣不会自发地随之而来。历史上出现过长时间的经济停滞。一些关于康德拉季耶夫周期的文献认为，导致经济长周期的机制已经发生了重大变化，因为技术发展的速度越来越快。

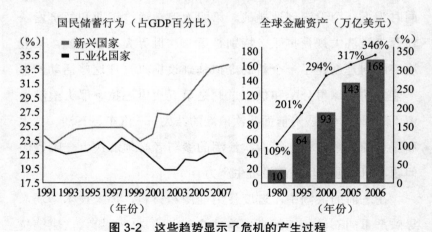

图 3-2　这些趋势显示了危机的产生过程

资料来源：麦肯锡全球研究所全球金融股票数据库。

我们很容易认为已经从长期或短期的经济周期进入持续动荡。然而，我倾向于认为，真正成熟的技术革命不会比以前更快发生。代际之间的技术差距仍然在 25 年左右。事实上，可以说现在的破坏性创新少于 19 世纪，当时为了造福人类，涌现出大量技术创新，比如一开始的蒸汽机、发电机和电话。

　　技术进步为社会各个方面的突破开辟了新的视野。例如，彼得·戴曼迪斯（Peter Diamandis）和史蒂芬·科特勒（Steven Kotler）在他们的《富足》（*Abundance*）一书中构想了这些进步。在书中，他们构建了一个让当前的所有幸福愿景黯然失色的未来场景。[26] 其中，目前的技术进步在一个由前所未有的全球神经系统所支撑的富足世界中达到顶峰：在物联网（IoT）中，每件消费产品和设备都有自己的 IP 地址；世界上任何地方的任何东西都将成为网络的一部分，因而更可及，使用效率也更高。在他们的构想中，技术进步使人类有可能找到解决气候变化以及原材料和能源短缺的方法。他们认为，推动可持续发展的新技术已经出现，只是尚在萌芽阶段。

　　重大技术进步往往伴随着社会变化。科学模式和理论的变化也会改变社会的精神上层建筑，即系统的根基：结构和价值观。我们可以认为，当前的社会问题和这些问题的解决方案将为社会运作奠定新的基础。由于各种行业相互融合，新的休闲方式涌现，新旧行业和分工不再适用。这是社会力量动态变化的一部分：权力正越来越分散。

　　改变是可能的，因为人类有创新的能力，换句话说，人类可以塑造未来。我们需要一个新的创新浪潮，创造技术和政治解决方案来结束资源开采。这些创新可以体现全新的思维方式，无论是基于新的发明，还是新旧结合，比如工业生态学、绿色纳米技术或新能源技术。除了满足人类在地球上的基本需求，我们也在寻找智能方案，以解决过去的发展中遗留下来的问题。

即将到来的第六次浪潮是全球性的。它到来之后，决定技术进步、社会团结和文化活动的因素间的冲突将会加剧。无论个人还是集体对于我们星球的极限的认识都会提高。第六次浪潮的新创新将大大提高自然资源利用效率。创新的影响将通过与数字世界的牢固联系被放大。

第六次浪潮中出现的智能解决方案将是实体产品、数字通信和人力资本的结合。接下来让我们看看技术的本质。

技术与人之间的关系

人类与技术的关系在过去几十年发生了巨大变化——变得更紧张，也更亲密。直到20世纪80年代，家庭中的个人科技依然很少见。而此时，我扫视了一眼我的客厅，发现了几个在过去几十年中我们司空见惯的小工具。它们属于我或我的家人。其他一些上市更早的设备现在看起来很简易。技术变得更加多元化，更加贴心。

技术的本质是与人类一同生活和进化。很多时候，新发明并不受欢迎，而且它们的影响会被贬低。电话、收音机、自行车和电视机刚出现的时候就是这样。自行车被认为是非常危险的交通工具：说明书上鼓励慢骑。电话作为一种奇怪的科学玩具被发明出来时，没有人能想象它的用途。20 世纪 90 年代，诺基亚首席执行官约尔马·奥利拉（Jorma Ollila）描述了每个人都有一部手机的未来，对大多数人来说，这不过是一个不切实际的幻想。

关于这一点，苹果公司及其联合创始人史蒂夫·乔布斯的故事尤其有趣。[27]乔布斯从一开始就痴迷于人与机器之间的互动——机器的实际触感和感觉。当乔布斯和联合创始人史蒂夫·沃兹尼亚克（Steve Wozniak）在乔布斯父亲的车库里开发计算机时，乔布斯充分认识到简单易用的用户界面有多重要。苹果的每一个成功案例，从 Mac 到 iPad，都是人类与机器融洽关系的写照。苹果之所以能成为世界上最大的公司之一，正是因为它比任何公司都更了解良好的用户体验的重要性。在 iPhone 上市后不久，我看到人们像宠爱自己的爱人一样珍爱他们的 iPhone。

这充分证明了 iPhone 是设计、技术以及艺术的完美结合，这也正是乔布斯所追求的。乔布斯热衷于塑造技术，使其在发挥功能的同时，符合人类的审美。苹果电脑的圆角和 iPod 的转盘体现了这一理念。

我们可以假装技术很容易被驯服，以尽可能满足人类的需求。然而，在现实生活中，这很难实现。大多数技术仍然如此复杂和刻板，只有设计它的工程师才了解它的功能（甚至工程师自己都不了解）。现在我们回到最重要的基础，也就是乔布斯所痴迷的：消费者的技术产品要易用和简单，而且必须美观。

换句话说，他要求技术富有人文气息。这一理念以开创性的方式让他在同时代的人里面脱颖而出。即使是只有维修技术人员可以看到的机器内部，也必须精致。即使是工厂里的设备，也要看起来美观！

自从我们的祖先在 200 万年前开始使用工具以来，技术的任务一直是使人类在地球上的生活更便捷。现代文明的整个历程是由蒸汽动力、铁路、电气化、化石燃料、汽车和数字技术推动的。所有这些技术，以及无数的其他技术，让我们的生活更加便利。

但在一定程度上技术也产生了反效果：技术越来越复杂，使大多数人加速衰老。复杂性有杀伤力，它杀死热情和活力，使整个文明遭到破坏。每一个因太过复杂而难以管理的社会都将迅速解体。[28]

21 世纪初，史蒂夫·乔布斯关于技术与人之间的相互作用的理念是：个人电脑将成为所有满足人们需求的技术的"数字中心"。即使十年后苹果的愿景发生了变化（因为中心转移到"云"），但整个理念仍然是革命性的，它使苹果成为有史以来最有价值的技术公司。

2011 年 6 月，史蒂夫·乔布斯在介绍新产品时戏谑地说道："同步所有设备会把你逼疯。"[29] 但苹果找到了解决方案：将所有内容（电子邮件、联系人、日历、书籍和音乐等）移入"云端"，数据和文件可以立即同步到连接互联网的任何设备。[30] 简洁意味着无缝、轻松和快速。

如果有序，那么复杂性可以被容忍。甚至可以说，某种程度的复杂性属于今天的生活。人们希望手机可以打电话、发短信、听音乐和照相……要有复杂性，生活才会丰富。问题是：复杂性是否可以管理？如果难以管理，复杂的现实会使生活变得烦琐、混乱和令人不快。

曾在苹果和惠普工作的认知科学家唐·诺曼（Don Norman）指出，真正的目的是要理顺生活中的复杂性。[31] 许多人希望技术可以丰富他们的体验和环境。问题在于人类行为通常不同于机器的行为，而这一点通常不会体现在设备和机器的设计和功能中。糟糕的设计只会破坏用户体验。

问题未必在于复杂性本身。但是，如果复杂性是无序的，那么混乱和晦涩就会接踵而至。如果桌子凌乱，但你知道纸张和物品的位置，那么混乱并不一定会带来麻烦（除了不美观）。当面对复杂性时，不要感到无助和无能为力。

在一个技术越来越发达的世界中，能否精确管理复杂性是好的解决方案与糟糕的解决方案的根本区别。新技术不断出现，需求似乎永不枯竭。每个人都想享受丰富的生活，而这不可避免地带来复杂性。只有简单、清晰和协调的技术才会让人觉得可管理，生活也一样。

应该指出的是，第六次浪潮的简单化也意味着任何装置都应该遵循"循环经济"理念，能够被轻松修复和再利用。在苹果公司的案例中，由于这不是乔布斯的愿望，因此苹果在这方面表现很差。希望将来的设备能够既简洁，又易于修复和再利用。

最重要的是，人与技术间的互动能否产生促进人类成长的智慧和领悟。如果一个人对技术的理解有助于他管理技术，那么技术就能够可靠运行且不会出问题——事实上这是一个令人愉悦的过程。相反，如果一个人不知道如何让机器以理想的方式运转，他就会愤怒、焦虑和沮丧。

第六次浪潮的重点是提高利用资源效率的关键技术和创新。[32] 第五次浪潮是一场围绕更灵活的技术和更低的成本展开的激烈竞争。现在，竞争的方向转向了原材料投入比例较小的产品和工艺，以及对自然资源更智能化的利用。基于天然纤维的智能技术和产品正在取代目前的资源密集型和不可回收的解决方案。

我们来看看芬兰生物产业中的机遇。当时世界上最大的两家公司都是芬兰公司：芬欧汇川（UPM）和斯道拉恩索（Stora Enso）。排名第三的 Metsä 集团也是最大的林业公司之一。然而，从环境的角度来看，由于森林工业在芬兰经济中发挥的重要作用，因此芬兰是世界上资源最密集的国家。过去，森林工业不仅消耗大量能源，而且也是污染源头。这在过去几十年有了显著改变，这样的趋势还将延续。例如，从 20 世纪 90 年代到 2012 年，纸浆厂的排放量大幅减少；制浆造纸厂中的硫排放量下降了 85%，进入水系统的磷排放减少了 70%。[33] 纸浆厂产生的能源比消耗的要多，已成为芬兰可再生能源的主要贡献者。

长期以来，森林一直是芬兰人的灵感和收入来源。芬兰自 16 世纪起开始出口焦油，到 17 世纪，芬兰成为整个欧洲最主要的焦油生产国。木材、纸浆、纸张和其他木制品成为森林工业的支柱。但是现在，森林工业的许多关键绩效指标已经下降到新千年开始时的三分之二。纸张、锯材和单板出口下降，就业率也以相同的幅度在下滑。预计未来十年纸张生产将进一步缩水。[34] 森林产业面临更新产品组合和寻求新的创新的巨大压力。包装和建筑行业对木质纤维解决方案有了新的要求：要坚固、轻便、耐用且完全可回收。总的来说，市场对环保纤维产品和解决方案的需求在增加，而芬兰应当提供此类服务。例如，今后，木结构将比现在更多地用于建筑物。这种演变源于木材的美学、经济和生态价值。

　　现在森林产业面临一个机会：木制品、新的生物材料、林业服务和能源部门有望增长。只要能够利用新的机会，芬兰未来仍将从森林产业中受益。

　　另一个例子是全球生态旅游行业。在过去 20 年里，它每年增长 20% ～ 35%。[35] 增长的原因是，越来越多的人不再满足于阳光和沙滩，他们想要更深入地体验大自然。在第六次浪潮的背景下，正是这样的愿望将人们从纯粹的消费者转变为更积极的"产消合一者"。如果组织得当，这类旅游可以在不伤害大自然的情况下，让人们与自然环境的奇迹亲密接触。说到底，第六次浪潮的精神——在我们对自然进行无情的掠夺之后——是修复我们与自然的关系。

为什么要研究第六次浪潮？

　　我们为什么要借助康德拉季耶夫的长波理论来研究未来的

几十年？因为，当人们认识到更广泛的社会变革力量时，他们
会更容易接受"除旧布新"。我们谈论的不仅是技术，还有新
的组织结构、价值观和文化之间的动态。重点在于我们要如何
有效避免同样的模式，并利用新的机会创造成功。开发更智能
的产品还不够，我们还必须建立更多的智能系统（见图3-3）。

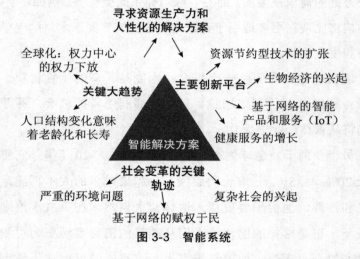

图 3-3　智能系统

　　第六次浪潮会带来系统性的变化，虽然其细节是不可预测
的，但找出改变的基本要素却是可能的。

　　在未来的日常生活中，虚拟体验将成为常态。我们将看到，
新的商业模式大大增加不同机构之间的交流，并催生新的合作
伙伴关系、业务和概念。不断提高的运算效率使得机器之间能
够进行交互：物联网将对人们的生活和经济振兴产生重大影响。
那么企业要如何参与未来的发展呢？比如，我们购买机票和办

理登机手续的方式在过去十年中已经彻底改变——我们现在使用移动技术。这种变化背后的事实是，机器间的谈话与日俱增，使我们能够接收和提供所需的信息。

　　要利用这些技术，除了投资者、创业天使和其他金融家，我们还需要营销能力，这样才能产生更多创新。资助早期阶段的创新尤其重要。在硅谷，我观察到了一个特别高效的模式：企业家、风险投资者和其他关键成员紧密合作，融合想法和技术，共同构建成功。这里的重点是组合技能和一个运作良好的创新平台。它需要深入分享信息、了解利益攸关方的利益和紧密的伙伴关系。

　　但最重要的是，这些想法必须符合总体发展趋势。例如，医疗保健和社会一般来说要为人口年龄结构的转变做准备。日本是世界上第一个经历快速老龄化的国家。从 2030 年开始，其他国家也将依次步入老龄化：先是欧洲，然后是俄罗斯、中国和美国，亚洲其他地区将有 30% 的人口将超过 60 岁。人口研究表明，到 21 世纪末，日本和大洋洲 60 岁以上人口的比例将达到 98%，西欧 82%，中国 69%。全球人口将持续老化。[36]

　　很多老年人到退休年龄后愿意继续工作，这就需要能够适应个人需要的新型灵活的医疗保健和养老金制度。公共部门，尤其是医疗保健部门，需要利用数字技术进行全面改革。数字化能够解决许多问题，但前提是它要满足不断变化的人类需求，社会也相应推进。如果社会和文化结构不发展，智能数字系统将无用武之地。

第六次浪潮的文化

我们的研究表明，对于文化价值观，人们越来越重视开放度、透明度和敏捷度。[37] 我们认为，这是文化在第六次浪潮中变得更强大的标志。新的文化还包括不断的测试和实验、保持开放、学习新知识和接受失败。事情并不总是按照惯常的顺序完成。直觉和快速行动在发展中发挥着重要作用，因为花时间分析和规划并不总是最高效的做法，我们必须选择一个感觉正确的方向，然后进行测试。快速原型开发带来更多的创新，而不是通过浪费时间的分析确保想法的可行性。反馈和开发速度更快。通过实验，可以获得更智能、更有效的解决方案。

归根结底，第六次浪潮是一场与定时炸弹的比赛。全球经济的资源和生产结构即将"爆炸"。炸弹的导火索是对物质和精神资源的不负责任的开发，以及支持这种开发的生活方式。我们正在越来越清楚地看到这些后果，例如环境污染和不可持续的温室气体，还有经济债务。为了找到解决方案，我们必须创造可持续的技术和制造工艺，并改变我们的生活方式。在许多社会中，不平等不可避免地加剧。[38] 起初这是一个政治问题，但在一定程度上，我们可以通过社会监管机制——税收和立法——对其进行纠正。我们还要为适应老龄化人口的福利社会创造一个更加智能的模式。这就要求我们改革养老金制度，弥合工作年限与养老金制度之间的裂痕。

对于这些定时炸弹，在创造未来之前，我们要思考三个重

要问题：如何让解决社会和环境问题成为企业的目标？如何让
人类需求成为企业的目标？如何让全球资源的有限性成为技术
进步的动力？要认真对待这些问题，意味着要制定新的方向。
我们应该废除对我们的目标无益的过时结构。在本书后面的章
节中，我们将继续探讨这些问题。

参考文献

[1] Bardi, Ugo. 2014. *Extracted: How the Quest for Mineral Wealth is Plundering the Planet: A Report to the Club of Rome.* Vermont: Chelsea Green Publishing; Randers, Jørgen. 2012. *2052: Global Forecast for the Next 40 Years.* White River Junction: Chelsea Green Publishing; Sverdrup, Harald & Ragnarsdottir, Vala. 2014. Natural resources in a Planetary Perspective. *Geochemical perspectives,* 3(2).

[2] Diamandis, Peter & Kotler, Steven. 2012. *Abundance: The Future Is Better Than You Think.* New York: Free Press.

[3] Casti, John. 2010. *Mood Matters: From Rising Skirt Lengths to the Collapse of World Powers.* New York: Harper Collins.
Costa, Rebecca. 2010. *The Watchman's Rattle: A Radical New Theory of Collapse.* Philadelphia: Vanguard Press.

[4] UN. 2015. World population prospects. Accessed September 13, 2016. https://esa.un.org/unpd/wpp/publications/files/key_findings_wpp_2015. pdf.

[5] OECD Observer. 2015. An emerging middle class. Accessed September 13, 2016. http://www.oecdobserver.org/news/fullstory.php/aid/ 3681/ An_ emerging_middle_class.html.

[6] Global Footprint Network, 2015. Earth Overshoot Day 2015. Last accessed March 8, 2016. http://www.overshootday.org/.

[7]   Ibid.

[8]   Millennium Ecosystem Assessement. 2016. Guide to the Millennium assesement reports. Accessed September 13, 2016. http://www. millenniumassessment.org/en/index.html.

[9]   World Wildlife Fund (WWF). 2014. Living Planet Report 2014. Accessed March 8, 2016. http://wwf.fi/mediabank/6426.pdf.

[10]   Global Footprint Network, 2015. Earth Overshoot Day 2015. Last accessed March 8, 2016. http://www.overshootday.org/.

[11]   Ibid.

[12]   The World Bank. 2012. Climate Change Report Warns of Dra- matically Warmer World This Century. Accessed March 8, 2016. http:// www. worldbank.org/en/news/feature/2012/11/18/Climate- change-report-warns-dramatically-warmer-world-this-century.

[13]   *The Guardian.* 2016. Ozone layer hole appears to be healing, scientists say. https://www.theguardian.com/environment/2016/jun/30/ozone-layer-hole-appears-to-be-healing-scientists-say.

[14]   Longwave Group. 2016. The Longwave Principle. Accessed March 8, 2016. http://www.longwavegroup.com/principle.php.

[15]   Kondratiev's article "The Long Wave Cycle" mentions the following data sets: consumption rates indices of commodity prices in England, France and the United States 1780-1920; quotations of the French rente 1820-1920; quotations of English consols 1815-1920; annual wages of agricultural workers in England 1789-1896; weekly wages of workers in English cotton industry 1806-1906; foreign trade turnover of France 1830-1920; foreign trade turnover of England 1800-1925; coal production in England 1855-1912; consumption of mineral fuel in France 1830-1910; production of lead in England 1857-1918; production of pig iron in England 1845-1925; private savings banks in

France (liabilities towards depositors in millions of francs) 1838- 1910.
Kondratiev believed the phenomenon of the long waves to be inherently
tied to the rise of industrial capitalism, and for this reason he recorded
data starting only after the industrial revolution. After him, other authors
have claimed to identify the same pattern from much earlier times.

[16] Kondratiev, Nikolai. 1984. *The Long Wave Cycle*. Guy Daniels, trans. New
York: Richardson & Snyder.

Loucã, Francisco & Reijnders, Jan (Eds.) 1999. *The Foundations of Long
Wave Theory. Volume I: Models and Methodology*. Cheltenham, UK:
Edward Elgar.

[17] Schumpeter, Joseph. 1939. *Time Series and Their Normal in Business
Cycles: A Theoretical, Historical and Statistical Analysis of the
Capitalist Process*. Volume I. Chapter V. New York: McGraw-Hill Book
Company.

[18] Mensch, Gerhard, Coutinho, Charles and Kaasch, Klaus. 1981. Changing
capital values and the propensity to innovate. *Futures,* 13(4), 276-292.

[19] Devezas, Tessaleno. 2006. *Kondratieff Waves, Warfare and World
Security*. Amsterdam: IOS Press.

[20] Ibid.

[21] Ibid.

[22] Ibid.

[23] Maddison, Angus. 1991. Business cycles, long waves and phases of cap-
italist development. Accessed September 15, 2016. http://www.eco. rug.
nl/GGDC/maddison/ARTICLES/Business_Cycles.pdf, p. 83.

[24] Kondratieff.net. 2016. The sixth Kondratieff — The new long wave
in the global economy. Accessed September 13, 2016. http://www.
kondratieff. net/

[25] Here it might be noted that I started to develop this theory between 2007

and 2009 while working at Allianz, the world's largest private insurance company, as Senior Vice President responsible for strategic research.

[26] Diamandis, Peter & Kotler, Steven. 2012. *Abundance: The Future Is Better Than You Think.* New York: Free Press.

[27] Isaacson, Walter. 2011. *Steve Jobs.* New York: Simon & Schuster.

[28] Tainter, Joseph. 1988. *The Collapse of Complex Societies.* New York: Cambridge University Press.

[29] Cloud computing. Quotes from Apple CEO Steve Jobs on iCloud and device synchronization at 2011 WWDC. Accessed September 13, 2016. https://cloud-computing-today.com/2011/06/15/apple- ceo-steve-jobs-quotes-on-icloud-at-wwdc/.

[30] Isaacson, Walter. 2011. *Steve Jobs.* New York: Simon & Schuster.

[31] Norman, Donald. 2010. *Managing the Complexity.* Cambridge, MA: MIT Press.

[32] Moody, James Bradfield & Novgrady, Bianca. 2010. *The Sixth Wave.* North Sydney: Random House Australia.

[33] Environmental Statistics for Forest Economy 2012. Accessed September 25, 2016.https://www.metsateollisuus.fi/mediabank/ 606.pdf.

[34] Wliat Science Can Tell Us. 2014. *Future of the European Forest-Based Sector: Structural Changes Towards Bioeconomy.* Oulu: European Forest Institute. Accessed March 8, 2016. http://www.efi.int/files/ attachinents/ publications/efi_wsctu_6_2014.pdf.

[35] Ecowanderlust. 2015. The Growth of the Global Ecotourism Imhistry. Accessed September 13, 2016. http://ecowanderlust.com/ ocotourism-2/ growth-global-ecotourism-industry/1487.

[36] Lutz, Wolfgang, Sanderson, Warren, and Scherbov, Sergei. 2008. The coining acceleration of global population ageing *Nature,* 451, 716-719.

[37] Kurki, Sofi, Pura, Minna, and Wilenius, Markku. 2016. *Re-acting*

the Future. New Ways to Work: The Case of Reaktor. Finland Futures
Research Centre, FFRC eBook 4/2016; Kurki, Sofi & Wilenius,
Markku. 2015. Ethics in the sixth wave: How new ethical companies
will transform our economies in the coming decades. *Futures,* 71, 146-
158; Wilenius, Markku. 2014. Leadership in the sixth wave. Excursions
into the new paradigm of the Kondratieff cycle 2010-2050. *European
Journal of Futures Research,* 2 (36).

[38] Stiglitz, Joseph E. 2016. Inequality and economic growth. In: Jacobs,
Michael & Mazzucato, Mariana (Eds.). *Rethinking Capitalism. Economics
and Policy for Sustainable and Inclusive Growth.* Chichester, West Sussex,
UK: Wiley Blackwell.

The sixth

第4章

地球的脉搏

sixth

wave

加利福尼亚人查尔斯·大卫·基林（Charles David Keeling）是一名充满好奇心的年轻研究员，也是第一位测量大气中温室气体含量的气象学家。20 世纪 50 年代，他开始制造用于测量大气中二氧化碳量的精密仪器。在他之前，并无先例。1956年，他在夏威夷莫纳罗亚山上建了一座小天文台。根据测量结果，他发现了地球节律最基本的特征之一：呼吸。二氧化碳量在白天增加，夜间由于植物呼吸而减少。[1]

接着他发现了呼吸的季节变化。传感器检测到，5 月二氧化碳排放量最高，10 月最低。经过多年的分析，一些更有趣的事实开始变得清晰：大气中的二氧化碳量总体上在缓慢而稳步地增长。后来他开始研究二氧化碳增加的原因，并发现化石燃料的使用是"罪魁祸首"。他绘制了著名的"基林曲线"，曲线显示，大气中的二氧化碳浓度从 1956 年（测量开始时）的 314ppm 增加到 2016 年 8 月中旬的 403ppm。[2] 虽然百万分之几听起来微不足道，但这意味着人类对生物圈的影响在急剧加大。

2014 年，地质学家詹姆斯·劳伦斯·鲍威尔（James Lawrence Powell）在《科学》杂志上发表了一篇关于气候变化相关文章的研究报告。他查阅了近万项研究，发现只有一项否认人类活动对气候变化的影响。这证明了科学界广泛承认气候变化的存在。[3]

鲍威尔的研究报告发表后不久，气候变化专门委员会（IPCC）就发布了第五次评估报告。报告的结论是悲观的：将会有更多让农民遭灾的极端天气事件和干旱。为了避免温度升高超过 2 摄氏度，我们应该放弃使用剩余三分之二的化石燃料。气候研究人员表示，温度上升超过 2 摄氏度是非常危险的，这将导致气候条件发生前所未有的巨变。

到 21 世纪末，全球温度将上升 4 摄氏度，这将对当前的一切造成灾难性的影响：热带地区的生活将难以为继，大多数极地冰盖将融化，导致海平面上升数米。[4] 由于气候变暖，天空中的云层会减少，这听上去是一件好事，但实际上，这意味着从云层反射并辐射回上层大气层并进入太空的热量会减少，进一步加剧地球表面的温度上升。目前，全球 75% 的日常最高温度可归因于人类活动造成的气候变化。[5] 越来越多的迹象表明，海平面正在上升。[6]

遗憾的是，政治决策的推进像蜗牛一般缓慢，尽管强有力的证据表明气候变化会造成可怕的后果。2015 年 12 月在巴黎举行的第二十一届联合国气候变化大会收效甚微：会议达成了一项协议，将气候变暖控制在不超过工业化前水平 2 摄氏度，理想状态是不超过 1.5 摄氏度。我说的"收效甚微"就体现在这个层面。一个尤其残酷的事实是，目前每年有超过 12 万平方千米的森林被砍伐，主要在热带地区。积极的一面是，欧洲和亚洲的森林面积在扩大，特别是在亚洲，这主要得益于中国的育林举措。

自从我 1992 年参与芬兰大气变化研究项目之后，我就一直在密切关注这方面的讨论。虽然气候变化研究和政治谈判都经历了一些波折，但是比 20 世纪 90 年代的预期要好。由于美国的阻挠，政治进程停滞不前。

气候变化的复杂过程可能受到尚未明确的因素的影响。由于其他原因，气候冷却在理论上也是可能的，就像"小冰河时代"（大约 1450—1850 年，当时欧洲的几大河流全部冻结）。[7]

气候系统是一个复杂的整体。我们可以根据过去的观察假设温度和太阳黑子之间的联系：黑子越少，气候越冷。然而，这样的关联并不是直接的，气候学家认为，黑子效应是局部的，而不是全球性的。[8] 即使气候突然变凉，我们也不会后悔投资于可再生能源技术并弃用化石燃料。开发新技术意味着投资、新工作、新型制造业和新机遇。从长远来看，沿用工业时代的旧解决方案成本会很昂贵。

除了信息和技术，我们还应该回到人性本身。看到小鸟清理沾满油污的羽毛时，你会作何感想？在追求与自然和谐共处的过程中，我们必须抵制犬儒主义。

据说查尔斯·大卫·基林在发现人类如何扰乱地球呼吸的微妙平衡时感到非常震惊。他注意到，地球的呼吸遵循特定的年节律：北半球的冬季、春季授粉之前，二氧化碳浓度最高。北半球支配着地球的节律，因为大部分的陆地表面和绿地都在北半球。基林还发现，随着二氧化碳的增加，地球的呼吸变得越来越沉重。[9]

由于该现象是全球性的，因此它需要一个全球性的解决方案。这就是为什么我们所有人都需要考虑我们当前从自然界获取财富的方式会带来怎样的代价。[10] 不为别的，至少气候变化的加剧会破坏农业生产所需的条件，尤其是在集中了地球上大多数人口的低纬度国家。

水：生命的灵药

人体的大部分是水。水也是生命最重要的条件。北欧人很容易忘记水的意义，因为在那里，水几乎是无限的。相比之下，当我到澳大利亚的一些地区时，我很难不注意到水的稀缺。

在世界上许多地方，情况并没有那么乐观：赞比亚的儿童此时此刻正由于缺少清洁水而受苦，气候变化使问题进一步加剧。印度半岛周围的季风开始变得越来越不规律，越来越不可预测。[11] 气候学家认为，还会有更多的变化：如果温度如预测一般升高 4 摄氏度，风暴会穿过温暖的大气，暴雨会更加频繁。另一方面，干旱地区会更加干燥。众所周知，自 20 世纪 70 年代以来，热带和亚热带地区的降雨量逐渐减少；地中海地区、美国东北部、澳大利亚等地区急剧干旱，且这一趋势还将继续。[12]

要考虑的因素很多：海洋已经成为人类的垃圾场。每平方千米海洋中就有 46000 块塑料垃圾。[13] 水和空气一样，都是最重要的资源。我们应该对浪费水和浪费塑料的行为零容忍。芬兰不需要瓶装水。就在几十年前，咸海还是世界上第四大湖泊，后来缩小到原来的十分之一。这是由于周边国家为发展农业，过度利用其补给水源阿姆河和锡尔河。附近国家（土库曼斯坦、哈萨克斯坦、乌兹别克斯坦和吉尔吉斯斯坦）的小麦和棉花种植对整个地区的生态系统造成了灾难性的影响。例如，土库曼斯坦 70% 的土地在过去几十年中变成了沙漠。[14]

这样严重的破坏是如何造成的？我们为什么会让如此广袤的地区陷入这种状态？原因并不新鲜，依旧是为了寻求短期经济利益。咸海附近的国家完全依赖农业和石油。即使人口受过教育，依旧无法改变低效：世界上没有哪个地方的淡水的附加价值如此微不足道。换句话说，在这里，人们正在以极不负责任的方式浪费水。

一个人每天大约饮用两升水，但其食物间接地消耗 1500 ～ 4500 升水。农业占全球用水量的三分之二；在中国、印度、巴基斯坦和孟加拉国等一些快速增长的国家，农业占水耗总量的 85% ～ 95%。[15] 同时，全球约有 9 亿人无法获得安全的饮用水，高达 90% 的未经处理的废水流入人口密集的沿海地区。[16]

水也是一个充满政治意味的问题。全球大约 40% 的人口生活在河流沿岸。世界各国对淡水资源的争夺日益激化。许多国际冲突都是水引起的，成功的水政治带来和平与稳定。

有很多先例。巴以冲突就是其中一个，叙利亚冲突的一个重要原因也是水。[17] 农民为逃离极端条件涌入城市中心，各族裔之间的紧张局势开始升级。

阿萨德总统领导的统治阶级——少数派阿拉维派非但没有解决问题，反而通过保护自己的水资源进一步加剧了问题。这些不公引起人民的不满，最终导致起义，现在已经升级为全面战争。极端条件下不良政策的代价是高昂的。

> 事实上，地球上的大多数重大冲突都是因为争夺自然资源，其中最珍贵和最稀缺的就是水资源。未来还会有更多这样的冲突——即使我们不愿承认。例如，跨境河雅鲁藏布江是多国都在利用的大河。[18] 然而，由于旧的领土争端和矛盾，多国未能就如何管理珍贵的水资源达成一致。从长远来看，由于缺乏对宝贵的共同资源的制度化的管理。印度和孟加拉国将在不进行任何共同磋商的情况下，为追求各自的利益，实施独立的、大规模的水资源开发项目。不过这些国家还在继续谈判，因为它们知道可能造成的破坏。迄今为止，谈判尚未取得成果。

欧洲也缺乏规范的水资源管理。"水之权"（Right2Water）是欧洲第一个成功的公民倡议。[19] 2014 年年底，倡议收集了近200 万公民签名，以支持欧盟委员会（EC）将淡水作为公民权利的立法。然而，欧盟委员会虽然做出了诸多承诺，却没有做出太多努力来确保这一基本人权作为一项公共服务得以实施。

尽管地球上有近 10 亿人无法安全地获得饮用水，但我们还

是看到了一些积极的进展。就连原本对可持续发展不屑一顾的
人也开始认识到问题的严重性。雀巢首席执行官彼得•布拉贝克－
莱特马特（Peter Brabeck-Letmathe）承诺，他自己和他的公司
将寻求解决方案，解决地球上的缺水问题。[20] 全球水行业领导人、
政府监管机构以及政策智库的高层会议年度水务领袖峰会（Water
Leaders Summit）提供了一个讨论水问题解决方案的论坛。[21]

气候变化似乎对地球上淡水资源的数量有很大影响。全球
变暖本身对全球水文循环有影响。温度升高会延长生长季节，
从而增加蒸发量。平均来说，低层大气中的降水量在增加，但
分布非常不均。极端天气事件预计会更加频繁。[22]

然而，最重要的全球性问题是世界范围内干旱的加剧。[23] 地
中海地区、美国中西部、澳大利亚、巴西东部、南非和印度北
部地区尤其多发。[24] 根据政府间气候变化专门委员会的预测，未
来会有更多人面临长期淡水短缺。到 2050 年，全球绝大多数人
口都将面临这一问题。[25]

因为农业占用了大部分的水资源，所以我们应该研究农业
解决方案：如何在不过度消耗水资源的情况下生产粮食。我们
可以从肉类生产着手，肉类产量在 50 年内翻了一番。生产肉类
蛋白质比生产植物蛋白质耗费更多的资源。要生产 1 千克肉，
需要 7 ~ 10 千克饲料。[26] 这个供应链是自 1978 年以来 75 万平
方千米亚马孙热带雨林（相当于 3 个英国）消失的重要原因：
砍伐树木，将土地用来种植大豆，以饲养肉牛。[27]

另一个问题是，化石燃料的使用推高了食物的成本。在富

裕国家，商店堆满食物，这些国家的人很难想象贫困国家的情况：食物越来越贵，获得食物变得越来越困难。联合国粮食及农业组织（FAO）估计，到 2050 年，全世界对粮食、饲料和纤维的需求将增长 70%。[28] 另外，将农产品用作生物燃料也面临越来越大的压力。此外，根据最近研究，气候变化的影响之一是作物的产量越来越少。[29] 因此，由于到 21 世纪中叶全球人口预计将增长到 97 亿，危机爆发的要素似乎都齐了。农田也被用于其他用途，如生产生物燃料。很明显，在那些没有办法或意愿对抗退化的国家，危机会更加严重。传奇投资家，GMO 的杰里米·格兰瑟姆（Jeremy Grantham）估计，十年之内全球将爆发粮食危机。[30] 格兰瑟姆在过去几十年中成功预见了所有重大的金融危机：日本泡沫经济大崩溃、网络泡沫和全球金融危机。

综上所述，从长远来看，肉类消费量的增长是不可持续的。然而，肉类消费不断增加，粮农组织预计增长还将继续。[31] 纯粹从资源效率的角度来看，植物性食品的消费对维持生命的全球资源（其中最重要的是水和森林）的需求量较少。所有生物体都需要水，而森林则关乎生态系统的健康。砍伐森林等于毁坏地球的肺。

重新造林将大大推进许多环境目标，比如碳捕获和降水。如果可以同时考虑森林的复杂性，目标将更容易实现。关于这个问题，有一项重要举措正在进行：1971 年，有人在东哥伦比亚拉斯加维奥塔斯地区建立了一个项目——在热带草原中部造一个三十多平方千米的新热带雨林。人们在那里研发更适合发展中国家的技术，并建立了一个确保所有居民都能就业和生活的社会结构。我有幸参观了拉斯加维奥塔斯，这是一个独特的可持续发展举措。例如，社会通过造林建立的小气候能够"创造"水，这个从前完全干旱的地区现在拥有稳定的水源。[32]

　　这个项目提供了一个有趣的思路：如果可以利用拉斯加维奥塔斯的方法实现沙漠造林，那么捕获"过量"二氧化碳的可行性就大大增加了。

气候变化与地球的未来

　　《扭转升温趋势》（*Turn Down the Heat*）是由世界银行授权完成的一份具有里程碑意义的报告，于 2012 年 11 月发布。该报告由全球领先的气候变化研究中心德国波茨坦气候影响研究所（Potsdam Institute for Climate Impact Research）完成。它传达的信息令人忧惧：如果我们不控制排放水平，让全球继续变暖，我们的社会将面临巨大威胁。[33]

　　报告详细描述了一个温度比现在高 4 摄氏度的世界——也就是排放量不减少的情况下等待我们的世界：洪水干旱肆虐，森林退化，贫困加剧，疾病蔓延。由于海平面上升，大多数主要沿海城市将面临严峻的问题。在这种充满困难和挑战的世界中，很难想象任何社会可以兴旺繁荣。发展中国家遭受的苦难将尤其深重。

　　因此，改变迫在眉睫。持续到 21 世纪中叶的第六次浪潮无疑是人类最后的机会。无数证据表明，变革需要在十年内开始，如果太迟，后果将不堪设想。防止有害事件升级乃至失控的常用方法是讨论"临界点"。[34] 人类必须采用一切可行的手段来减少温室气体。

我们在气候变化方面面临的挑战是，要如何改变我们的生活方式，使后代不会因前几代人的冷漠而遭受不合理的痛苦。如果我们不改变，这样的苦难将不可避免。我们不只在谈论气候变化，我们也在说整个地球的未来。《2015 年联合国千年发展目标报告》分析了地球生态系统的状况，发现世界上大部分重要地区已经受到严重破坏。[35]

在关于可持续发展的讨论中，最有趣的话题之一是乔根·兰德斯（Jorgen Randers）的著作《2052》（2012）。兰德斯参与撰写了著名报告《增长的极限》（*Limits to Growth*），该书于1972 年出版。兰德斯是受罗马俱乐部委托的麻省理工学院（MIT）研究团队中的一员。40 年后，他的报告着重指出了两个问题：短视和缺乏全球管理。如果我们的目光不那么短浅，我们可以马上解决许多重大问题。遗憾的是，由于缺乏战略上的控制，资源优化往往是局部的，其使用也经常被误导。在联合国主导的气候变化政策中，这一点尤其明显：各个国家仍然只对自己的优先事项感兴趣，这就是为什么到目前为止我们并没有看到总排放量的真正变化。

另一个问题是缺乏全球管理。我们的国际结构面对这些全球性问题竟然无计可施。看来，我们可能需要一些新的全球超级结构——比联合国更高效，有足够的权力为自然资源的可持续利用制定规则。

第三个挑战是造成如此多污染的巨额化石燃料补贴。工业化国家以许多方式补贴发展中国家的能源生产。据英国海外发展研究院（British Overseas Development Institute）统计，在提供给发展中国家的 12 个排放量最高的生产商的补贴中，有 70% 用于化石燃料项目。研究院估计，11 个最富裕国家对能源生产的补贴高达 740 亿美元，其中大部分来自俄罗斯、美国、澳大利亚、德国和英国。[36]

人与自然的共处与人类的发展息息相关。毕竟，现代文明的发展建立在利用地球矿产资源的基础之上。这些资源在所有技术进步中都至关重要：铜、铁、锌以及许多其他矿产，它们使技术成为可能，从而为文明奠定根基。[37]另一方面，地理学家贾雷德·戴蒙德（Jared Diamond）经过缜密的研究后表示，衰落的文明和帝国有一些显著的特征。[38]他认为，崩溃背后有一系列原因。首先是未能预见问题，第二是问题出现后未能及时觉察，第三是没有组织相关力量解决问题，第四是未能成功解决问题。因此，无法应付挑战的原因有很多。全球变暖和掠夺地球资源的问题真的需要有效的解决办法。

以目前的消耗速度，对各个行业都十分宝贵的原材料将在几十年内耗尽。[39]许多重要矿产的产地非常有限。例如，只有中国和非洲几个国家出产用于制造手机的稀土金属。需要使用矿物的行业目前只能回收不到一半的原材料，而理想情况下应该接近 100%。

化石能源价格将不可避免地长期增长，加上可再生能源价格下降，这意味着使用金属的行业必须努力对抗收益递减。因此，依靠化石燃料的行业面临的最大问题是：如何改变工业生产和能源使用结构，切实减少对化石燃料的依赖？

除了更有效地直接或间接利用太阳能，没有其他解决方案。使用廉价化石燃料和矿产的时代已经结束。没有哪个国家可以依靠能源和矿产密集型产业创造未来。

尽管全世界都需要减少对资源的依赖，但各国却在争夺北极未开发的资源——由于全球变暖而融化的北纬 66 度。极地冰盖的融化明显快于从前的预测。到 2050 年（也可能提前到 2020 年），北极地区夏季将完全没有冰覆盖。[40] 冰盖融化将带来可怕的后果：第一，一些动物，特别是北极熊，将受到影响；第二，没有冰盖的北极将成为开采目标，这无疑将对该地区的生态系统造成破坏；第三，研究人员预测，由于冰盖融化，该地区的风暴会增加。

北极大陆架或许蕴藏着大量石油和天然气，这里是世界上最大的未被开采的区域。[41] 这也是各方对北极地区表现出极大兴趣的原因。除了石油和天然气，地下还可能挖出原材料。但如果地球温度上升 4 摄氏度，情况会发生巨大变化。

北极理事会（Arctic Council）是领土处于北极圈的国家组成的政府间论坛，它强调北极战略的可持续性，[42] 同时允许和支持北极地区的化石能源开采。如果这些遥远和广阔的海洋区域发生石油泄漏，其危害将远远超过沙漠中的石油泄漏。尽管壳牌公司决定从宏伟的北极钻探计划中退出，[43] 但其他人或者在寻找新的机会。考虑其他类型的商业活动（如生态旅游）会更为安全。[44]

地球的存亡取决于人类是否会侵犯北极地区的化石燃料储备。为了确保全球温度上升不超过 2 摄氏度，北极化石资源不该被任何人染指。这也是问题的症结所在：科学家们已经计算出，我们如果想要在地球上繁衍兴旺，那么我们最多只能使用剩余的 27950 亿吨二氧化碳中的 5650 亿吨。[45] 娜欧蜜·克莱恩（Naomi Klein）在她的《天翻地覆——资本主义 vs. 气候危机》(*Capitalism vs. Climate*) 一书中对此做了很好的阐述。她认为，我们必须想办法制止人类的贪婪行径，比如石油公司不惜一切代价寻找新的石油来源。[46]

开发地球资源

"可持续性赤字"的出现不仅仅因为对环境不负责任的生产和消费，亚洲，尤其是中国在全球经济中的地位攀升也是一个原因。目前，全球大部分资源短缺——不仅仅是一两种原材料，这是我们从未遇到过的情况。一个重要的原因是，中国自 20 世纪 90 年代初以来发展迅猛，推高了对原材料的需求。

与此同时，中国对基础设施尤其是房地产业进行了前所未有的资本投资。到 2014 年年底，这样的繁荣才开始出现放缓的迹象。即使油价自 2014 年年底以来一直急剧下滑，我们仍然可以预见原材料价格的长期上涨。

自文明诞生以来，我们的社会就开始挖掘矿产。[47] 工业化导致原材料的使用呈指数级增长，但由于技术进步、生产力的提高和新自然资源的发现，到目前为止，价格和供应仍然是可持续的。现在，我们惊奇地发现，我们使用的许多原材料变得非常稀缺，这意味着它们的价格将会上涨。

矿产资源和生物储备是我们的重要资源。近十年来，急剧增加的原材料消耗引发了一个问题：我们是否有足够的矿产资源和生物储备？同样令人担忧的是，当我们真正面对重要原材料短缺时，经济会受到怎样的影响？到目前为止，很少有人有这样的担忧，即使有，也几乎不会讨论这个话题，因为这样的长期变化很难把握。

地球及其资源的有限性似乎很容易被遗忘。早在 20 世纪 70 年代，罗马俱乐部的报告《增长的极限》就在努力让人们看到自然资源的有限性。[48] 这是第一次有人根据我们在地球上活动的可持续性模拟生产和消费流。开采自然资源、污染和人口增长是核心变数。麻省理工学院的一个研究小组进行了实际的研究，结果显示，由于过度使用自然资源，到 21 世纪末，社会将全面脱轨。乔根·兰德斯的最新报告和研究证实了原始报告的基本结果。[49]

即使这些早期的研究结果清楚地表明存在影响地球存亡的关键趋势，但有人似乎想压制拯救地球的呼吁。[50] 整个社会的保守党认为，罗马俱乐部的报告是危险的，会威胁到他们的事业。[51] 调查结果预测，浪费自然资源和污染将导致经济增长停滞——这是无可争议的。报告中列出的现象可能在 21 世纪头几十年出现，人口将在 21 世纪后半叶下降。

经过一番热烈讨论和宣传战，报告不再被提及，结果被驳回或者被声称从未在报告中出现。许多评论家将研究小组构建的场景当作预测，然而它们并不是。事实上，1972 年的原始报告使用系统动力学理论和名叫 "World 3" 的计算机模型提出了 12 种场景。这些场景在 1900 年至 2100 年期间以不同的形式呈现。

1972 年的报告传达的关键信息是，我们现在能够模拟地球的未来——这是人类历史上的第一次——而且未来看起来不容乐观。几十年过去了，研究有了一些新发现。现在我们可以肯定，报告中描述的基本情况准确得令人不安。全球经济问题越来越多，发达国家的经济止步不前，资源匮乏，污染加剧，经济开始萎缩。

由于价格相对廉价且容易获取，让社会和工业保持运转的矿产资源和农产品变得越来越少，价格也越来越高。[52] 图 4-1 描绘了 21 世纪初商品价格的大幅上涨，金融危机之后长期的经济衰退起到了一部分抑制作用。

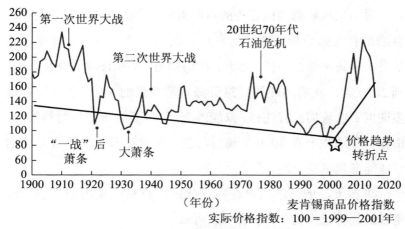

（年份）

麦肯锡商品价格指数

实际价格指数：100 = 1999—2001年

图 4-1 资源价格自世纪之交以来大幅上涨

资料来源：Grilli and Yang；Pfaffenzeller；世界银行；国际货币基金组织；经济合作与发展组织统计数据；联合国粮食及农业组织；联合国商品贸易统计数据库；麦肯锡全球研究院分析报告。

全球市场商品价格上涨模式是未来几十年全球经济走势最好的指标之一。价格上涨将迫使人们寻找替代产品。

历史证明，原材料价格上涨可能会带来巨大变化。现代林业的诞生就是一个例子：直到 19 世纪中叶，破棉布仍然是造纸原料。随着教育水平的提高，报纸和书籍的印刷量增加，因为供应有限，破布价格也随之上涨。到 19 世纪中叶，北欧一些有远见的企业家和工程师开始寻找破布替代品。他们发现了北方针叶树。专家们在德国、英国和瑞典的工厂中进行艰苦的实验和探索，终于研发出了新技术。现代林业将芬兰这样的国家与全球经济连接起来，为其发展成为工业社会奠定了基础。

每当出现影响当前趋势的新因素时，改变方向总是必要的，也总是有人强烈抵制变化。然后，我们继续生活，就好像这些信息和威胁不存在一样。然而，我们知道，不做任何改变意味着，到 2050 年，我们消耗的自然资源将是今天的 3 倍。[53] 已经有很多证据表明我们没有选择，只能改变，特别是考虑到原材料短缺。例如，铀的生产在 2010 年超过峰值，这意味着核能不会是我们解决能源挑战的出路。[54]

事实上，增长格局已经在变化：原材料的使用趋势和经济增长的趋势已经脱节，如图 4-2 所示。

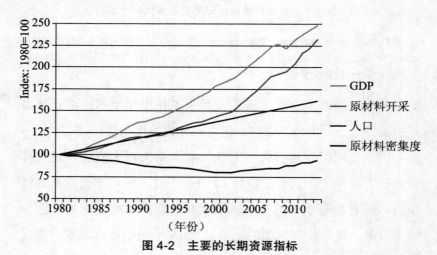

图 4-2　主要的长期资源指标

资料来源：Wu (2016).[59]

20 世纪 70 年代，国内生产总值（GDP）的增长和原材料的使用开始脱节。这张图显示，经济正在缓慢但毫无疑问地减少对原材料的依赖。即使相对而言每个生产单位使用的自然资源正在减少，但消耗量的绝对增长会抵消收益。其背景是 20 世纪矿产开采和生产的惊人增长：建筑材料的使用增加了 34 倍，矿石和矿物的开采增加了 27 倍，化石燃料的使用增加了 12 倍。[55]同期，原材料价格下降了近三分之一。

如果我们回顾一下世界经济对原材料的依赖，我们会发现，21 世纪以来发生了重大转变：生产开始从原材料效率高的国家转移到效率低的国家。随着日本、韩国和印度等国家的企业迫切地将其生产转移到中国、印度和东南亚地区，整体原材料效率一直在下降。与我们的直觉相反的是，现在的单位 GDP 原材料需求比 2000 年时更高。[56]

矿产资源分布不均。2012 年，全球出售的 95% 的稀土金属来自中国[57]，世界上 57% 的铁矿石来自澳大利亚、巴西和中国，全球 83% 的可开采的磷矿石来自摩洛哥、中国和南非。[58]磷是日益稀缺的原材料的典型例子，这为创新替代品市场创造了大量机会。

上述所有信息都在告诉我们，在已经到来的第六次浪潮中，由于我们肆意浪费矿产资源，我们无疑将面临资源稀缺和污染。未来几十年中最重要的创新将是新材料的开发，目的是提高资源效率。原材料使用效率必须提高 5 倍，否则消耗量必须降低80%。这是所有想要增长的经济体都必须达到的艰巨目标，但人类没有别的选择。

如图 4-3 所示，如果我们希望保护环境，让下一代也享有与我们同样的机会，原材料消耗必须在十年内开始下降。

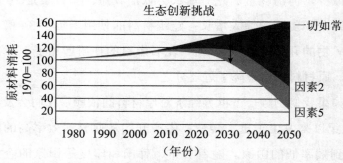

图 4-3　生态创新挑战和原材料消耗

资料来源：O'Brien, M. & Miedzinski, M. 2011. Closing the Eco-Innovation Gap. Eco-Innovation Observatory, Annual Report。

　　这当中传达的信息非常明确：在社会的战略发展中，我们应该集中所有精力，从根本上、从各个方面提高资源效率，努力摆脱对化石燃料的依赖，准备好应对气候变化。这需要全世界共同努力，这也是我们要探讨的下一个主题。

参考文献

[1] Find the story of Charles Keeling in: Weiner, Jonathan. 1991. *The Next Hundred Years*. London: Bantam Books.

[2] Climate Central. 2016. 400,000 Years of Carbon Dioxide. Accessed August 10, 2016. http://www.climatecentral.org/gallery/graphics/400000-years-of-carbon-dioxide.

[3] DESMOG. 2014. Why Climate Deniers Have No Scientific Credibility: Only 1 of 9,136 Recent Peer-Reviewed Authors Rejects Global Warming. Accessed September 13, 2016. http://www.desmogblog.com/2014/01/08/why-climate-deniers-have-no-scientific-credibility-only-1-

9136-study-authors- rejects-global-warming.

[4] *The Guardian*. 2014. Planet likely to warm by 4C by 2100, scientists warn. Accessed September 9, 2016. 2016https://www.theguardian.com/ environment/2013/dec/31/planet-will-warm-4c-2100-climate.

[5] *Bloomberg*. 2015. 75% of heat waves are attributable to climate change. Accessed August 10, 2016. http://www. bloomberg.com/ news/ articles/2015-04-27/like-that-heat-wave-75-of-them-attributable- to-climate-change.

[6] *The New York Times*. 2016. Flooding of Coast, Caused by Global Warming, Has Already Begun. Accessed September 13, 2016. http://www. nytimes.com/2016/09/04/science/flooding-of-coast-caused-by- global-warming-has-already-begun.html.

[7] Read more about the interaction of humans and nature in: Flannery, Tim. 2010. *Here on Earth: A Twin Biography of the Planet and the Human Race*. London: Penguin Books.

[8] NASA Science. 2013. Solar Variability and Terrestrial Climate. Accessed September 13, 2016. http://science.nasa.gov/science-news/science-at-nasa/2013/08jan_unclimate/.

[9] Keeling, Charles. 1998. Rewards and penalties of monitoring the earth. *Annual Review Energy Environment, 23*, 25-82.

[10] Bardi, Ugo. 2014. *Extracted: How the Quest for Mineral Wealth is Plundering the Planet: A Report to the Club of Rome*. Vermont: Chelsea Green Publishing.

[11] Yi, Lo, Lawal, Billab and Ajit, Singha. 2004. Effect of climate change on seasonal monsoon in Asia and its impact on the variability of monsoon rainfall in Southeast Asia. *Geoscience Frontiers*, 6(6), 817-823.

[12] Dai, Aiguo. 2011. Drought under global warming. A Review. *WIREs Climate Change, 2*, 45-65.

[13] United Nations Environment Programme. 2011. Plastic Debris in the Ocean. In *UNEP Year Book 2011*, 20-33. Accessed January 23, 2017. http://www.unep.org/yearbook/2011/pdfs/plastic_debris_in_the_ ocean. pdf.

[14] Varis, Olli. 2014. "Resources: curb vast water use in Central Asia." Published in Nature. 1 October 2014. Accessed August 10, 2016. http:// www.nature.com/news/resources-curb-vast-water-use-in- central-asia-1.16017.

[15] Global Agriculture. "Agriculture at a crossroads." Accessed September 13, 2016. http://www.globalagriculture.org/report-topics/ water.html.

[16] United Nations Environment Programme & United Nations Settlement Programme. 2010. "Sick Water. The Central Role of Wastewater Management in Sustainable Development." Accessed August 10, 2016. http://www.unep.org/pdf/SickWater_screen.pdf

[17] Smithsonian.com. 2016. "Is a Lack of Water to Blame for the Conflict in Syria?" Accessed August 10, 2016. http://www.smithsonianmag. com/ innovation/ is-a-lack-of-water-to-blame-for-the-conflict-in-syria-72513729/.

[18] The National Interest. 2016. "Water War: This River Could Sink China-India Relations." Accessed September 13, 2016. http://national interest. org/feature/water-war-river-could-sink-china-india-relations-15829.

[19] Wasser ist ein Menschenrecht. 2016. "Right2Water campaign lives on: EPSU call on Commission to act now on ECI Right2Water in Brussels action, World Water Day 2016." Accessed September 13, 2016. http:// www.right2water.eu/de/news/right2water-campaign-lives-epsu-call-commission-act-now-eci-right2water-brussels-action-world.

[20] Nestlé. 2016. "Water Challenge blog." Accessed September 13, 2016. https://www.water-challenge.com/.

[21] Singapore international water week. 2016. "Water leader's summit." Accessed September 13, 2016. http://www.siww.com.sg/water-leaders-summit.

[22] Fisher, E. M. and Knutti, R. 2015. Anthropogenic contribution to global occurrence of heavy-precipitation and high-temperature extremes. *Nature Climate Change*, 5, 560-564.

[23] Finnish Meteorological Institute. 2013. "Climate change will raise sea level in the Gulf of Finland." Accessed September 13, 2016. http://ilmatieteenlaitos.fi/tiedote/650329.

[24] Geophysical Fluid Dynamics Laboratory (GFDL). 2016. Accessed March 8, 2016. http://www.gfdl.noaa.gov/about.

[25] See IPCC latest (2015) report on freshwater resources: http://www. ipcc. ch/ pdf/ assessment-report/ar5/ wg2/WGIIAR5-Chap3_FINAL. pdf. Accessed September 25, 2016.

[26] UNCCD—United Nations Convention to Combat Desertification. 2016. "Worsening factors." Accessed September 13, 2016. http:// www. unccd. int/en/programmes/Thematic-Prior ities/Food- Sec/Pages/ Wors-Fact. aspx.

[27] Mongabay.com. 2016. Amazon Destruction. Accessed September 13, 2016. http://rainforests.mongabay.com/amazon/amazon_destruction. html.

[28] FAO. 2009. How to feed the world in 2050? Accessed September 13, 2016. http://www.fao.org/fileadmin/templates/wsfs/docs/ expert-paper/ How_to_Feed_the_WorldJn_2050.pdf.

[29] EurekAlert! 2016. "Crop breeding is not keeping pace with climate change." Accessed September 13, 2016. http://www.eurekalert.org/ pub_ releases/2016-06/uol-cbi061716.php.

[30] Think Progress. 2012. Jeremy Grantham on "Welcome to Dystopia": We

Are 'Entering a Long-Term and Politically Dangerous Food Crisis. Accessed March 8, 2016. http://thinkprogress.org/climate/ 2012/08/16/681571/jeremy-grantham-on-welcome-to-dystopia-we-are- entering-a-long-term-and-politically-dangerous-food-crisis/.

[31] FAO Corporate Document Repository. 2015. "Livestock commodities" Accessed September 13, 2016. http://www.fao.org/docrep/005/ y4252e/ y4252e05b.htm.

[32] Friends of Gaviotas. 2016. Accessed September 13, 2016. http://www. friendsofgaviotas.org. A video can be seen at: https://youtube.com/ watch? v=xogJew_nlko.

[33] The World Bank. 2012. Climate Change Report Warns of Dramatically Warmer World This Century. Accessed March 8, 2016. http:// www.woiidbank.org/en/news/feature/2012/ll/18/Climate-change-report-warns-dramatically-warmer-world-this-century.

[34] By tipping point we refer to the term used for describing the point at which world climate crosses a certain threshold, triggered by some factor of change. See *Scientific American.* 2012. Is Earth Nearing an Environmental "Tipping Point"? http://www.scientificamerican. com/ article/is-earth-nearing-environmental-tipping-point/.

[35] Millennium Assessment. 2005. "Guide to Millennium Assessment Reports." Accessed March 8, 2016. http://www.millenniumassessment. org/en/index. html.

[36] Overseas Development Institute. 2015. Empty Promises. G20 Subsidies to Oil, Gas and Coal Production. Accessed September 25, 2016. https:// www.odi.org/sites/odi.org.uk/files/odi-assets/publications- opinion-files/9957.pdf.

[37] Bardi, Ugo. 2014. *Extracted: How the Quest for Mineral Wealth is Plundering the Planet: A Report to the Club of Rome.* Vermont: Chelsea

Green Publishing.

[38] Diamond, Jared. 2005. *Collapse: How Societies Choose to Fail or Succeed*. New York: Penguin Books.

[39] Sverdrup, Harald & Ragnarsdottir, Vala. 2014. Natural resources in a planetary perspective. *Geochemical Perspectives*, 3(2).

[40] The Verge. 2015. Arctic will be basically ice-free by summer 2050, NOAA study says. http://www.theverge.com/2013/4/12/4217786/ arctic-ice-free-summer-2050-noaa-study.

[41] IAEA. 2013. Resources to reserves. Accessed September 13, 2016. https://www.iea.org/publications/freepublications/publication/ Resources2013.pdf, pp. 135-155.

[42] Arctic Council. 2015. Environment and Climate. Accessed September 13, 2016. http://www.arctic-council.org/index.php/en/our- work/ environment-and-climate.

[43] *Bloombery*. 2015. Why Shell Quit Drilling in the Arctic. Accessed September 13, 2016. http://www.bloomberg.com/news/ articles/2015-09-28/why-shell-quit-drilling-in-the-arctic.

[44] GRID-Arendal. 2014. Tourism in the Polar Regions. Accessed September 13, 2016. http://www.grida.no/publications/tourism-polar/page/1421. aspx.

[45] McKibben, Bill. 2012. Global Warming's Terrifying New Math. *Rolling Stone* magazine. Accessed March 8, 2016. http://www. rollingstone.com/ politics/news/global-warmings-terrifying-new-math- 20120719?page=2.

[46] Klein, Naomi. 2014. *This Changes Everything. Capitalism vs Climate*. New York: Simon & Schuster.

[47] Bardi, Ugo. 2014. *Extracted: How the Quest for Mineral Wealth is Plundering the Planet: A Report to the Club of Rome*. Vermont: Chelsea Green Publishing.

[48] Meadows, Donella H., Meadows, Dennis L., Randers, Jørgen, and

Behrens III, William W. 1972. *The Limits to Growth: A Report of the Club of Rome's Project on the Predicament of Mankind.* New York: Universe Books.

[49] Meadows, Donella H., Meadows, Dennis L., and Randers, Jørgen. 2004. *Limits to Growth: The 30-year update.* White River Junction, Vermont: Chelsea Green Publishing.

Randers, Jørgen. 2012. *2052: Global Forecast for the Next 40 Years.* White River Junction, Vermont: Chelsea Green Publishing.

[50] Solutions. 2010. "The History of the Limits to Growth." Accessed September 13, 2016. https://www.thesolutionsjournal.com/article/ the-history-of-the-limits-to-growth/.

[51] Bardi. Ugo 2008. "Cassandra's Curse: How the Limits to Growth Was Demonized." Accessed March 8, 2016. http://www.theoildrum. com/ node/3551.

[52] Resource Revolution. 2013. *Tracking Global Commodity Markets.* McKinsey Global Institute.

Bardi, Ugo. 2014. *Extracted: How the Quest for Mineral Wealth is Plundering the Planet: A Report to the Club of Rome.* Vermont: Chelsea Green Publishing.

[53] OECD. 2016. "Measuring Material Growth and Resource Productivity." Accessed March 8, 2016. http://www.oecd.org/environment/ indicators-modelling-outlooks/MFA-Guide.pdf.

[54] Bardi, Ugo. 2014. *Extracted: How the Quest for Mineral Wealth is Plundering the Planet: A Report to the Club of Rome.* Vermont: Chelsea Green Publishing.

[55] Krausmann Pridolin, Gingrich, Simone, Eisenmenger, Nina, Erb, Karl-Heinz, Haberl, Helmut, and Fischer-Kowalski, Marina. 2009. Growth in global materials use, GDP and population during the 20th century. *Ecological Economics,* 68(10), 2696-2705.

[56] UNEP. 2016. Global Material Flows and Resource Productivity. Assessment Report for the UNEP International Resource Panel. Accessed August 23, 2016. http://unep.org/documents/irp/16-00169_ LW_ GlobalMaterialFlowsUNEReport_FINAL160701.pdf.

[57] Progressive Economy. 2013. China's share of rare-earth production: 97% in 2010, 85% in 2012. Accessed September 13, 2016. http:// www.progressive-economy-org/trade_facts/chinas-share-of-rare-earth- production-97-in-2010-85-in-2012/.

[58] Vaccari, David. 2009. Phosphorus: A Looming Crisis. Scientific American. June 2009. Accessed September 15, 2016. http://www. nature.com/ scientificamerican/journal/v300/n6/full/scientificamerican 0609-54.html, pp. 54-59.

[59] Global materials flows database. Available at http://www.material flows. net.Vienna University of Economics and Business. Vienna.

The

sixth

第5章
人民的怒吼

wave

我所说的"人民的怒吼"在不同的背景下有许多不同的形式。虽然中东和北非的动乱让民主的概念成为焦点,并产生了大批难民,但其他情况同样值得我们关注。欧洲许多地区右翼政治的兴起有目共睹。例如,在德国,德国选择党(AfD)自 2003 年成立以来迅速占据欧洲议会席位,在德国选民中享有12% ~ 14% 的支持率,在媒体中的知名度不断攀升。

然后是始于 2007 年维基解密(WikiLeaks)的"知识分子的怒吼"。该事件导致大量秘密信息被泄露,并且为我们了解幕后的情况提供了一个全新的平台。2013 年,美国国家安全局(NSA)前雇员爱德华·斯诺登(Edward Snowden)决定通过《卫报》和《华盛顿邮报》发布大量信息,披露出美国国家安全机构如何秘密监控世界各国最高政治领导人之间的沟通。2016 年,一个报纸联盟报道了《巴拿马文件》(Panama Papers),曝光了有关空壳公司如何帮助全球富豪将他们的财富藏在世界各地的避税天堂的秘密资料。这次曝光意味着我们有必要建立一个国际统一的税收制度来打击欺诈。据调查,绝大多数跨国公司都会赞同此举。[1]

　　因此，正在兴起的第六次浪潮带来了新的透明度标准，而这些标准的建立离不开第五次浪潮中实现的信息技术飞跃。在未来几十年中，我们会在各个层面看到大量信息披露。所有这一切都有助于我们最终建立一个以信任和透明为基础的社会。由于人类社会的进化基于不断提高的沟通质量和数量，因此我们在过去十年中所目睹的情况只不过是其中一个简短的篇章。

全球政治的第六次浪潮

　　如前所述，这个周期的驱动因素将会是——以更先进和更有效的方式利用材料和能源。气候变化将从根本上影响经济发展，其他影响因素包括重要原材料日益匮乏，价格上涨。由于全球化不可阻挡，全球贸易不断扩大，提高资源效率——增加人力资本、原材料和能源使用效率——将成为推动经济和社会发展的重要手段。这将导致许多关键原材料日益稀缺、供不应求。

　　虽然人们对于全球石油需求高峰持不同的观点，但图 5-1 清楚地表明，我们已经接近供应下滑临界点。因此，原材料，特别是石油的价格将不可避免地上涨。这反过来会迫使我们减少消耗、寻找替代品。这在 2016 年 2 月（我在撰写本书时）可能很难理解，当时石油价格创历史新低，但从长远来看，价格上涨是必然趋势。

　　廉价石油的稀缺，加上日益严峻的环境问题将最终成为能源革命的关键因素，世界将不可避免地将目光转向可再生能源。

中国石油进口量预计将从 2005 年的 250 万桶增长到 2020 年的 920 万桶。根据同样的估计，中国将在未来几年内超过美国，成为全球最大的石油进口国。[2] 中国将需要增加石油进口，而世界经济将面临需求超过供应的情况。亚洲经济的飞速增长导致原材料消耗量快速增加，且这样的趋势没有尽头。中国的增长是前所未有的：如果中国经济继续增长，即使增速放缓，它也将在下一个十年超越美国。[3]

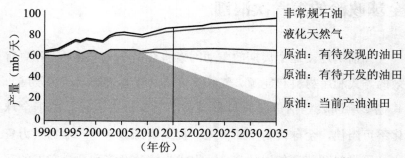

图 5-1　新政策背景下按类型划分的世界石油生产

资料来源：国际能源署（2010）。

与此同时，许多国家（特别是欧洲）的人口趋于老龄化，随着婴儿潮一代退休，总人口和劳动人口的比率将迅速变化。到 2030 年，欧洲一些国家将会有接近三分之一的人口超过 65 岁，届时这些国家将面临与现在截然不同的情况。这不仅会减缓经济增长，还会导致服务需求的大幅度转变。除了提供基本服务（包括医疗保健）的公共部门压力增大之外，日渐老龄化的欧洲还将面临旧工业模式的崩溃。旧模式明确规定了退休时间，而福利国家的结构以公共和私营部门之间的明显区分为依据。

全球化和人口结构变化这两个大趋势共同创造了一个新的世界，在这个世界中，社会进步的关键引擎是资源生产力，同时技术也在跨越式发展。数字化和物联网（IoT）的普及带来了节省资源（如燃料、金钱和时间）的智能解决方案。人力资本、数字技术和实体产品的新组合将在未来几十年创造更多解决方案，使服务更加高效。

新能源技术将日益普及，并将缓慢取代依赖化石能源的燃料经济。由于生物技术的进步，我们将学习用合成材料代替有机材料。纳米技术帮助我们提高产品性能，使其更耐用。在医疗保健方面，新的诊断方法不断涌现，使我们能够更好地预测疾病，从而更好地预防疾病。这将有助于我们更智能地分配医疗保健资源。医疗保健和相关业务将成为新世界最大的业务领域。

在预测未来变化时，站在历史的角度考虑问题不失为一个好方法。在 20 世纪 70 年代初的石油危机引发的第五次浪潮（1970—2010 年，见第 3 章）中发生了权力转移。在那之前，美国和苏联并列为世界上两大超级大国，"冷战"后美国独霸全球。然而，在柏林墙倒塌之后不久，美国、逐渐扩张的欧盟以及新崛起的亚洲建立起新的平衡。

有趣的是，1970—1992 年，民主国家迅速崛起。拥有民主政权的国家数量（"民主政权"被定义为公民参政、限制行政权力和保障公民自由）增加到原先的两倍以上，变成 74 个。苏联解体进一步加剧了这一趋势，到 2005 年，世界上共有 89 个民主国家。[4] 这样的民主转型将会加快第六次浪潮的步伐。在这次浪潮中，我们将看到直接民主的支持者挑战代议制民主。加强透明度和赋予更多人决策权的压力将挑战现有的政治制度。

世界也变得越来越复杂，政治和经济权力的斗争不断升级。信息通信技术虽然取得巨大进步，但依然无法取代前一次浪潮（1930—1970 年）的驱动力量——石油化工和汽车行业。世界经济仍然由石油和资本联盟主导。事实上，石油世界为我们提供了一个有用的视角，帮助我们了解盛产石油的阿拉伯国家与西方政策之间的关联。

直到最近几年，那些西方国家对阿拉伯国家中有既得利益的国家，即石油生产国的态度是，只要它们继续"忠实"地供应石油，它们就能自由行使独裁政权，而不用担心西方的干预。2011 年春天，当沙特阿拉伯宣布"沙特阿拉伯王国法律严格禁止一切形式的游行、示威和静坐活动以及发起上述活动，因为这些活动与沙特社会价值相悖"时[5]，整个世界几乎没有任何反应。宣布之后，沙特大规模动员安全部队执行禁令。在也门、科威特、巴林、叙利亚等许多阿拉伯国家，任何动乱都会遭到镇压。[6]

2011 年 1 月，就在埃及前总统胡斯尼·穆巴拉克（Hosni Mubarak）被推翻之前，当时的美国副总统拜登（Job Biden）在接受采访时表示，他不会将穆巴拉克视为独裁者。[7] 即使当时穆巴拉克和卡扎菲联手对敢于要求基本民主权利的公民进行残酷镇压是众所周知的事实。30 多年来，出于对石油的渴望，西方政策一直支持阿拉伯世界自封的独裁者，而显然，这样的政策必须终结。未来几十年，那些身处民主政权却要故意以各种形式与独裁者勾结的领导者将面对来自公民的越来越大的压力。因此，由于不公正和侵犯人权，阿拉伯国家的专制领导人不得不面对公民的愤怒，并且阿拉伯国家不是唯一深陷危机的国家。这场危机要深刻得多，涉及整个国际体系。

当前地缘政治制度危机的根源在于缺乏明确的全球治理结构。旨在建立新的、更好的国际结构的二十国集团首脑会议（G20）已经成为徒劳无益的派系争吵的平台。亚洲国家过去 20 年来一直走在发展的最前沿，西方世界则受到金融风暴的严重冲击，这使得全球经济重心发生重大转移。即使如此，美国仍在竭尽全力维护其全球经济霸主的地位。未来几十年地缘政治格局将如何演变？一场大戏即将拉开帷幕。

危机的根源可以追溯到对自然资源的过度开采和农产品供求失衡。尤其是亚洲经济在资源利用方面开辟了全新的局面，导致原材料需求不断增长，从而加剧了对基础资源的竞争。例如，联合国粮农组织食品价格指数在 21 世纪头十年里上涨了 100 多个百分点（尽管过去几年有所下降）。[8] 基本食品商品价格上涨会带来很大影响，因为约 15 亿人（将近 1/5 的人口）每天生活费低于 1.25 美元。[9] 对他们来说，食品价格非常重要。

原材料的情况大致相同。可以肯定的是，地下有大量石油，但开采新资源的成本越来越昂贵。自 2008 年以来，全世界（尤其是美国）对页岩气和页岩油的开发利用提高了供应。石油价格从2014年夏季的每桶100美元降至2016年8月中旬的46美元。这很可能是阿拉伯石油政治的结果,因为他们开始对指定的石油价格监管机构不满。过去,面对价格下降,他们曾减少产量,但这一次却没有。不过长期来看,石油价格还会上涨。[10]

　　整体而言,全世界对石油的依赖进入了一个新的阶段。石油输出国组织欧佩克(OPEC)在2014年秋季的行动就证明了这一点,并且越来越严峻了。[11] 主要由沙特阿拉伯发起的决定使石油价格下滑。即使欧佩克国家不再以共同利益为目标行事,而只是为了强大的成员国的利益,我们仍然会看到更多的同样的行动。一个关键目的似乎是要让美国的页岩油生产失效,从而增加对阿拉伯石油生产的依赖。

　　从环境的角度看,这似乎是一个很好的趋势。相比阿拉伯国家的石油开采,美国从地下抽取石油的技术对生态环境的危害更大。无论作为能源还是原材料,石油和化石燃料替代品都受到热烈追捧,这些趋势对环境同样有影响。

　　最近,一组研究人员计算得出,转向以太阳能和风能等可再生能源为基础的能源系统对中国来说更为经济。这些能源的价格将在十年内具有充分的竞争力。换句话说,在不久的将来,东北亚将建立一个能源生产系统,新系统甚至可能终结该地区对进口能源的依赖。计算基于这样一个假设:产量每增加一倍,价格下降20%。[12] 作为一个幅员辽阔但由中央领导的国家,中国只要有政治意愿,很有可能快速转向基于可再生能源的能源系统。

　　因此,这是一个地缘政治与自然资源的问题,它们共同构成了下一个康德拉季耶夫长波的框架。之前两次浪潮之间严重的经济危机告诉我们，反弹需要相当长的时间。华尔街股灾之后，直到 1954 年，世界经济才恢复到 1929 年的水平。尽管 20 世纪 70 年代初的震荡较为缓和，但石油危机、严重滞胀等因素也导致经济滑坡。接下来，我将详细分析这些因素及其与全球政治之间的联系。

全球政治危机

著名经济学家鲁里埃尔·鲁比尼（Nouriel Roubini）和伊恩·布雷默（Ian Bremmer）指出，我们生活在一个所谓的"零国集团时代"（G-Zero World），即没有任何一个国家或地区有能力或者有意愿推动一个真正惠及每个国家的国际议程。因此，相比国际合作，我们更有可能看到更多的国际冲突，无论是宏观经济协调、金融体系监管、贸易政策，还是影响到整个世界的气候政策。[13]

这是由于二十国集团（G20，一个国际合作论坛，汇集了来自 20 个主要经济体的领导人、财政部长和中央银行行长）已经变成了一个推动利己主义议程的集团，而不再是金融危机之前的那个国家网络，也不再战略性地推进国际合作。由于日本经济衰退、地震和核灾，美国、欧洲和日本之间的合作（G3）也不太可能（见第 2 章）。

然而，我们没有什么比 G20 更好的选择。2008 年，G20 首次举行领导人峰会，以应对全世界的共同威胁——金融危机。在短短六个月的时间里，G20 针对金融机构监管提出了多项重大举措。国际货币基金组织（IMF）被赋予了新的角色，获得了额外的资金支持。然而，当这场严重的危机消退时，美国政府在国际事务上仿佛陷入昏迷，把全部重心放到两个国内问题上：领导国家摆脱危机造成的衰退，阻止极端右翼势力抬头。由于欧盟成员国挥霍无度、缺乏监管，辛苦建立的欧元区从一场危机走向下一场危机。例如，在希腊危机中扮演了重要角色的市场投机使情况愈加复杂。

2010 年以来，美国与中国之间的贸易往来为国际政治舞台"增添了一些色彩"。G20 过去 20 年来的合作仍然立足于亚洲经济的增长：尤其是中国和印度，其增长方式打开了向西方国家出口的渠道。[14] 同时，由于劳动力成本低，发达国家将生产转移到发展中国家。相应地，中国和其他亚洲国家向西方大量出口，从而形成了更强的依赖。

这种格局已经开始转变，这是因为亚洲经济体的结构变得越来越像西方国家，使得双方更像竞争对手，而不再是不平等的合作伙伴。这种新形势无疑将在未来几十年继续深化。我们已经在国际气候谈判中清楚地看到，多年来，竞争态势使谈判陷入僵局。也正因为如此，世贸组织的谈判也几乎停滞。相反，美国和欧洲之间的跨大西洋贸易与投资伙伴关系协定（TTIP）正在谈判。协定将让双方自由进入对方的市场。

令人担忧的是，TTIP 协定将让欧洲努力建立的严格的环境规制化为乌有。2016 年 7 月，绿色和平组织（Greenpeace）泄露了 250 页谈判草案，证明欧盟预防原则会受到该协定的威胁。[15]原则规定，如果担心产品可能对消费者造成伤害，任何产品都可能被阻止进入市场。出于这个原因，美国种植的转基因食品（GMO）不允许在欧洲市场上出售。

显然，美国政府试图通过 TTIP 消除这些障碍。他们有办法给欧洲政府施压。例如，如果欧洲阻止美国农产品进入其市场，美国会威胁说不让欧洲汽车生产商轻易进入美国市场。[16]还有人担心，一旦给予许可，美国公司就可以控告欧盟违反协议，即使其产品不符合欧洲标准。

上述趋势引发了新一波的狭隘民族主义。影响全球经济的几个主要国家相互角力，以保护自己的产业和就业机会。而现在正是需要全球合作的时候，可能比以往任何时候都更加需要。没有人希望世界经济再遭重创，像上次金融危机一样。为了避免这种情况，我们需要一个考虑到金融经济的全球性质新的监管结构。事实上，世界需要一个有足够力量和资源实施监督和管理的全新上层建筑。

然而，关于这个问题的意见分歧很大。发展中经济体对西方制定的具有约束力的金融监管条例并不感兴趣，发展中经济体认为西方国家是造成危机的罪魁祸首也不足为奇。另一方面，美国不愿放弃他们的王牌——美元，来交换任何其他新的一篮子货币。而欧洲面临着严重的内部问题，无法成为全球体系的引擎。

美国霸权结束了吗？

克林顿总统的顾问、哈佛大学教授约瑟夫·奈（Joseph Nye）对国际力量的未来趋势有个有趣的看法。他认为，未来，全球问题需要更加强有力的管理。[17] 讽刺的是，他预测，2050年最强的三个经济体——美国、中国和印度——将采取强有力的措施捍卫自己的立场，因此很难期望它们为新的国际体系提出重大倡议。

美国自"二战"以来一直在国际政治中发挥着决定性的作用。有人认为越南战争后美国的力量一直在衰减，且这种趋势将持续数十年。[18] 虽然亚洲重回世界经济前沿（经过 300 年的沉寂）是不可避免的，但显然，美国在未来几十年将继续对全球产生重大影响。

地缘政治体系的发展可以从军事、经济、跨国这三个不同的角度考虑。从军事角度来看，美国的地位在很长一段时间内无法撼动，在可预见的将来，世界舞台上不可能有其他力量挑战美国的地位。在经济领域，整个世界已经呈现多极化，这样的格局至少已存在十年。主要参与者是美国、欧洲、中国和日本，而巴西等许多国家的经济实力也在增强。由于商界、国际援助组织和国际恐怖主义网络的参与者越来越多，跨国关系日益分裂。

不过，美国不会像 20 世纪英国那样失去在全球政治中的主导地位，原因很简单，现在与当时情况不同。不同于当时英国的力量，美国的力量从未依赖于领土的获取，而是以军事和经济力量为根基，而这些力量又受到美国经济固有活力的有力支撑。这使得美国在与亚洲经济体的竞争中明显处于上风，因为美国的经济实力依赖于技术优势，而不是获取和拥有自然资源。[19]

华盛顿大学的查尔斯·格拉泽（Charles Glaser）教授曾提出过一个疑问，中国在世界事务中日益增长的影响力是否会导致中国和美国之间不可避免的冲突？[20]虽然这不太可能，但和平远远无法得到保证。目前维持平衡的因素包括各国之间相对稳定的政治关系、核武器以及太平洋。

今后美中两国之间会出现严重危机吗？我不认为会发生真正的冲突，仅仅是由于两国的地理位置：这两个国家被太平洋分开，这有利于它们在各自的地理区域内做超级大国。

我们还要思考美国是否准备将至少一部分的霸权让与其他国家，尤其是中国。美国必须学会做出某些让步，特别是当全球经济中心从西方转移到东方和南方时。关于未来的一个更宽泛的问题是：谁的经济是不可持续的，谁在发展经济的同时也为后代考虑？

美国经济靠大量借款支撑，其中很大一部分来自中国。庞大的联邦预算赤字使公共部门无法再以这种方式长期借款。这似乎破坏了美国军事霸权的财政基础，使美国不得不逐步放弃其"世界警察"的角色。自从 2011 年美国与英、法等国组成盟军在利比亚展开军事行动以来，我们看到美国新外交政策的明显信号——与有意愿合作的伙伴结成联盟，而不是采取单边行动。

美国经济在 2019 年左右可能会再次出现危机，这是公共债务不断累积的结果。2017 年 2 月，这个数字接近 20 万亿美元。这可能会促使人们建立更健康的经济价值观。考虑到可持续的经济增长、人口老龄化以及对环境的影响，即使是美国也需要更广泛和更深入的管理来引导政治。必须遏制私人和公共借贷。储蓄和健康的投资策略将重新变得有吸引力。[21] 这在很大程度上取决于政府的态度——他们是否认为有必要转变方向。

除了中国，我们也不能忽略其他"金砖国家"在第六次浪潮中所扮演的角色。俄罗斯、印度和南非将在全球政治中扮演什么样的角色——鉴于俄罗斯和印度都有全球野心。更重要的是，这些国家的总人口占全球人口的 40% 以上，它们的总领土占地球面积的四分之一，如此重要的几个国家将如何重新定义全球议程？事实上，特别是 2009 年以来，"金砖国家"之间的合作显著扩大，它们定期举行会议，并在努力制定共同的议程。总的来说，"金砖国家"的形成是发展中国家为建立政治保护伞所做出的第一次真正的努力。[22]

俄罗斯似乎走上了一条危险的道路。自从普京在 21 世纪初采取措施对原苏联的几个成员国重新施加强大的影响后，俄罗斯与欧洲、美国之间的紧张局势日益加剧。不幸的是，俄罗斯似乎正处于困难时期——即使不崩溃，也是举步维艰。其经济管理不善，在欧盟制裁下不断萎缩、危机重重，海外投资者大量流失。[23] 2000 年年初，由于燃油价格上涨、全球需求激增，俄罗斯实施去工业化战略，转而依靠碳氢化合物出口，这似乎是一个很好的选择。其中也有俄罗斯的政治动机：使欧洲依赖俄罗斯的能源。今天，俄罗斯是欧盟国家重要的原油和天然气供应国。[24] 时间很快会证明，俄罗斯所选择的战略相当短视。除碳氢化合物和核能外，俄罗斯尚未关注其他替代能源。由于几乎完全依靠自然资源，因此其战略与大多数发展中国家相似。随着油价持续上涨、国际上做出越来越多的努力限制温室气体排放，俄罗斯可能会逐渐放弃化石燃料，将目光转向更广泛的替代能源。

俄罗斯派兵入侵乌克兰领土克里米亚，以及将其对西方的政治转变为对俄罗斯有利的战略，这被证明是一个灾难性的错误。从纯粹的地缘政治角度来看，俄罗斯担心乌克兰投靠北约和西欧盟国是可以理解的。对于俄罗斯人来说，乌克兰和白俄罗斯是西欧入侵重要的缓冲。历史证明，现在被认为可能的事情 20 年后未必如此。话虽如此，根据民意调查，大多数乌克兰人都希望与西方建立更紧密的联系。[25]

正如乔治·弗里德曼（George Friedman）所说的那样，更可能的是，到 2020 年，俄罗斯周围会出现很多动乱，导致原苏联国家进一步分化。[26] 如果发生这种情况，乌克兰可能会像波罗的海周边国家一样，不惜一切代价将其未来寄希望于西欧盟国。

巴西是拉丁美洲的强国。在 21 世纪的第一个十年，巴西成为"从一个相对贫困的国家变成富裕国家"的光辉榜样。巴西总统路易斯·伊纳西奥·达席尔瓦（Luiz Inácio da Silva）非常受欢迎，对公共服务的大量投资让他受到全国人民的拥护。商品价格上涨让严重依赖大宗商品出口的巴西获益匪浅。近十年来，巴西的经济形势发生了巨大转变：2014 年经济衰退，2015 年 GDP 下降近 4%，主要原因是巴西的主要出口伙伴——中国的经济增长放缓，加上欧洲经济萎靡。此外，巴西还受困于严重的政治危机。2016 年 5 月，总统迪尔玛·罗塞夫（Dilma Rousseff）被弹劾停职。她被指控未经授权从国家银行借款，将政府资金用于一项贫农帮扶计划。[27]

巴西是南美洲国家联盟（UNASUR）的主要成员国。[28] 然而，需要说明的是，UNASUR 很可能像欧洲一样，走向一体化的道路。巴西在"金砖国家"中的角色也非常重要。从巴西会议开始，"金砖国家"的合作进入实质性阶段，当时正值金融危机最严重的时候。事实证明，"金砖国家"将自己视为在危机期间保持全球经济正常运行的"功臣"。[29] 当时的巴西还在快速增长。

巴西真正的实力是其丰富的自然资源——矿产丰富，劳动力众多，平均年龄只有 30 岁。亚马孙热带雨林的面积超过 500 万平方千米。然而，每年砍伐的森林面积——尽管在过去十年有所下降——仍然有惊人的 10 万～15 万平方千米。2007 年，里约热内卢以东约 100 千米的海底发现大量石油，从那以后，巴西开始幻想成为石油生产大国。[30] 卢拉总统称这一发现是"巴西第二次独立"。[31] 另外，开发这些石油使巴西更加难以摆脱"高污染商品"。即使面临全球变暖的威胁，该国却更依赖于利用珍贵的自然资源。事实上，巴国的经济和社会在 2014—2016 年的大旱中遭受了巨大的损失。大旱造成电力供应不足，因为巴西75% 的发电量来自水力发电。有人认为森林砍伐是导致干旱和气候变化的一个原因。[32]

20 世纪 60 年代以来，巴西常常被誉为"未来之国"。问题是，巴西要何时才能成为名副其实的"未来之国"。该国领土广阔，几乎相当于美国的面积，但缺乏成为一个发达国家的基础设施。巴西地理条件严酷，对物流造成了极大限制。[33] 它是全球主要农业出口国，现在正大力投资水电以外的可再生能源。得益于长达 7400 千米的海岸线，巴西拥有 1430 亿瓦的风能潜力，到 2020 年，其风力发电量将达到至少 200 亿瓦。巴西还拥有充沛的阳光，其太阳能市场是世界上增长最快的市场之一。发展这些行业将帮助巴西摆脱电力短缺的局面。[34]

巴西的实力还在于其丰富的生物资源。到 21 世纪末，我们会发现，世界将需要新的方式来思考"生物多样性以及我们对物理和自然科学的认知将如何带来新的解决方案"。虽然一个很明显的事实是，我们的确在以各种方式争夺地球上最后的资源，[35] 但是我们仍然有大量未被充分利用的产能。找到不掠夺自然或不损害人类集体利益的材料和解决方案并非不可能。在大多数情况下，这意味着我们需要用天然原料替代不可再生材料。《蓝色经济》（Blue Economy）的作者冈特·鲍利（Gunter Pauli）提供了一些以创新方式使用天然材料的卓越解决方案。例如，巴西北部的企业家卢西奥·文塔尼亚（Lucio Ventania）发明了 100% 竹制衣架，用来替代通常用钢丝或塑料制成的衣架。制造钢丝或塑料衣架需要大量的化学品，并会造成严重的废弃物问题。[36] 竹子一般生长在以前用于种植甘蔗的土地上。农业机械化和自动化导致大量甘蔗种植者失业。竹制衣架每年约有 250 亿美元的市场空间，因此这是一个巨大的商机。我们的未来依赖这样的创新，而巴西可能成为一个以天然材料为基础的、更可持续的新型产品来源。

印度是"金砖国家"的成员。和巴西一样，印度有望创造繁荣的未来。但是就像巴西曾是殖民地，印度也有自己的弊病。英国的统治并未给印度带来帮助，英国贸易法限制了印度工业的发展，迫使印度制造业企业破产。自独立以来，印度与巴基斯坦持续的紧张局势引发了四次战争，严重削弱了印度的国力。此外，虽然这个国家有一些崇高的目标，但数十年的国家治理滋生了严重的官僚主义。

尽管如此，印度仍然可能在 21 世纪制造惊喜。印度是世界第二人口大国，第七大经济体。与巴西一样，印度拥有大量自然资源和年轻人口。它有明确的全球野心，精力充沛的总理纳伦德拉·莫迪（Narenda Modi）希望带领印度实现现代化。印度的青年人口（35 岁以下）达 8 亿，政府决心让全民接受教育。即使是在动乱时期，印度的政治依然建立在开放社会的基础之上。

在过去 20 年中，印度将自己定位为"世界的后勤部"。然而近年来，外包业务的增长有所减弱。印度的主要机会之一是可再生能源领域。变革至今尚未发生，但报告显示，到 2050 年，印度可能停止使用几乎所有化石能源，其好处是在 2020 年之前创造 240 万个新工作。[37] 总理已采取行动，希望到 2022 年增加1 000 亿瓦的太阳能光伏和 600 亿瓦的风电装机容量。[38]

然而，印度的真正挑战在于为其庞大的人口提供可持续的生计。阿斯霍克·寇斯勒（Ashok Khosla）是印度发展替代方案组织（Development Alternatives）的创始人，他描述了他的计划：通过他的社会企业理念创造数百万个就业机会。发展替代方案组织与各种各样的本地社区合作。例如，它委托了一个"清洁印度"项目，其目的是让学生和年轻的专业人士参与对抗环境恶化。[39]例如，将德里的绿地覆盖率提高到 20%。整体理念是与学校和非政府组织合作，改善印度各地的环境。

印度可能成为下一个超级大国[40]，但在那之前，它还有很长的路要走。过去几年印度稳步发展，在"金砖国家"的发展方面发挥了积极作用，2016 年成为"金砖国家"主席国期间，在本国各个地点承办多场会议。和巴西一样，印度最重要的资产也是青年人，重要性甚至超过自然资源：印度 35 岁以下的人口占 65%（超过 8 亿人）。如果印度能够利用人口优势建设一个公平和可持续的社会，它的发展将势不可挡。

南非于 2011 年正式成为"金砖国家"的一员。南非的加入不但是外交政策上的成功，也是"金砖国家"组织的成功。很明显，在一些国际事务中，如气候变化谈判，南非、巴西、印度和中国能够轻易地找到共同立场。通过纳入南非，"金砖国家"的影响力大大增强，成为一个真正的全球联盟，更有能力为发展中国家发声。[41]

从金矿和钻石等矿产，到各种各样的农产品，南非是另一个拥有丰富自然资源的国家。它也是迄今为止非洲最发达的国家，拥有成熟的电信、金融和交通运输业。南非有过种族隔离的痛苦历史，现在已经走上民主发展的道路。例如，2015年10月，约翰内斯堡的大学生因学费上涨10%到街头抗议。在几次大规模抗议游行后，总统雅各布·祖马（Jacob Zuma）同意撤回计划。人民的意愿得到了尊重。[42]

南非也许受困于疲软的经济、高失业率和不完善的教育制度，但它在其他许多方面充满了吸引力：比较先进的基础设施、优美的自然风光和有利的人口结构。虽然对南非未来的大多数展望似乎有些悲观，[43]但南非有巨大的潜力从碳密集型能源生产转向使用可再生能源技术，因为该国有充沛的阳光和风力。[44]随着非经合组织国家成为影响全球经济未来发展的重要力量，如果南非愿意抓住机会，它将能够发挥关键作用。经合组织的预测认为，在第六次浪潮结束时，即21世纪中叶左右，非经合组织国家占全球GDP的份额可能接近60%。[45]

走向更加负责的互动政治？

当前，各个国家，至少民主国家面临的最大挑战是，在公民与政治体系之间建立新的互动形式。这在当前尤其难以实现，因为许多国家正深陷债务——希腊、意大利、西班牙、葡萄牙和法国，着实令人担忧。只有形成这样的互动，才能构建新的可持续经济。然而，这种模式离不开人民的积极参与。数字技术起到了巨大的推动作用，使消费者变成更积极、更文明的公民。[46]

社会中日益加大的贫富差距是全球普遍现象，不计后果的经济政策让差距进一步加剧。 始于 20 世纪 80 年代的膨胀的金融经济为小部分金融精英创造了巨大财富。西方国家的经济不平等现象急剧增加。据估计，2015 年，全球最富有的 1% 的人口掌控着全球一半的资产。[47]

从公民社会的角度来看，近年来，民主、统治方式和国际协议的现行模式不可逆转地过时了。在最近的一次芬兰议会选举中，五分之一的人将票投给了反对欧洲一体化的民粹主义政党"正统芬兰人党"（True Finns）。这是新时代的标志，表明政治已经远离普通百姓的世界。2010 年以来，右翼政党在西方各国频频取得成功，如奥地利、丹麦、芬兰、荷兰、法国，以及美国。[48] 英国脱欧（Brexit）以及唐纳德·特朗普当选美国总统进一步将民粹主义和保守主义带到政治活动的中心。

然而，一股新的政治思潮正在形成。在过去几十年中，非政府组织——无论是推动国际事务还是从事慈善事业——的重要性显著提升。科菲·安南（Kofi Annan）有句名言："21 世纪是非政府组织的时代。"[49] 我强烈地认为，这些跨国和次国家网络将成为下一个康德拉季耶夫周期的中心。它们为理想主义的长波周期提供了一个渠道，为被现行政治制度放弃的理想主义精神提供了渠道。现代技术、教育和意识的提高强化了非政府组织的力量，同时正在推动势不可当的全球民主进程。

只有当来自底层的压力足够大时，全球民主才可能推进。"占领华尔街"说明了自发民众运动的力量。然而，我们没有必要担心，因为在许多国家，精英的傲慢不可避免地造成了变革的压力。埃及和利比亚独裁者的倒台只是时间问题，虽然我们知道，这并不足以实现真正的民主和持久的和平。除了阿拉伯国家和俄罗斯，欧洲也有这样的例子。比如，一名把西方民主和法治变成一场闹剧的商人统治了意大利很长时间。

因此，约瑟夫·熊彼特提出了"创造性破坏"的概念。旧系统不再起作用，新的前瞻性能量和精神从旧系统中涌现，小的修正和改进也不再有帮助。当老一辈精英试图通过老派思想改革制度、强化旧机构，结果总是令人失望。

在金融领域，像美国国际集团（AIG）和雷曼兄弟（Lehman Brothers）这样的公司被它们对市场的错误假设所拖垮，它们的傲慢也在一定程度上发挥了作用。它们设计的产品对国民经济、公众福利以及自身业务的真正影响被曲解或忽视。在美国、爱尔兰和西班牙，房地产开发商和金融家人们为地抬高房价，从不明所以的民众身上敛财，制造房地产泡沫。[50]

归根结底，这一切都是因为"经济语言"渗入了所有公共话语中。讽刺的是，新古典主义经济理论一再证明它无法真正解释经济和社会的功能。理论的中心是理性消费者的概念，这并不能证明人类的决策优于人类的政治选择。经济语言将意见简化为数字，从而有效地压制了所有战略性的话语。

经济增长魔咒与过时的"自由市场经济"概念有关，那些能够以最大利润销售产品的人就是最成功的人。尽管绝大多数企业乃至政治家仍然坚持这一原则，但越来越多的顶级企业从集体的社会需求中找到了存在的理由。他们知道，我们正加快步伐，朝着新的经济秩序迈进，在新秩序中，企业的价值取决于其社会效用和真正关心消费者需求的程度。[51]

第六次浪潮的运作原则

第六个康德拉季耶夫长波将重构组织运作原则。这是与基于工业模式的世界完全不同的运作方式。企业、政府、研究人员和非政府组织最终都会接受这个新理念，因为未来的成功将越来越依赖于这一理念。这样一个社会秩序下的基本原则与世界上最受欢迎的百科全书维基百科相同。我们实际上在谈论一种基于合作理念、广泛使用虚拟通信技术的"Wikinomia"。[52]

换句话说，我们正在向一个新的深度网络化的社会运作模式转变，进入一个可以被称为"智能时代"的全新纪元。新纪元由以下五个主要原则主导。

（1）协作

这是指将消费者融合到产品开发中，比如谷歌与其客户之间的合作，为老年人提供更好照护的非政府组织、政府和企业间的合作，以及环境组织与国际谈判专家在气候政策方面更紧密的协作。我预测会出现一些"不可能的联盟"：能源巨头可能与反对采伐的民间组织联合；烟草制造商可能转变策略，与县医院合作。各类组织会看到，合作能够产生比单独行动更多、更好的结果。合作意味着组织越来越自治，没有层级结构和指挥结构的束缚，在信任的基础上运作。责任和权力可以下放到整个组织。

（2）开放

正如企业建立开放创新体系以获取外部意见，进而推动创新一样，民众运动也需要透明的政治制度。专制型领导在新时代不会有出路，因为公民不再会因为无法获取信息而遭受无情的强权政治。这种变化可能是快速和野蛮的，但并非没有先例：佛朗哥（Franco）在西班牙的独裁刚刚结束几十年，但对于马德里的普通人来说，那个世界已经相当遥远。一旦我们进入开放社会，专制政权就会显得遥远。在第六次浪潮中，随着教育和通信水平的快速提升，对透明度的要求将渗透到所有社会活动中。

（3）共享

互联网的爆炸式增长创造了一种新的共享文化。过去，我们只与身边的人交流，而现在，我们可以与地球另一端的人对话。迅速扩张的博客空间或发布在互联网上的观点都是爆炸式发展的典型例子。在企业界，即使不是开创数字时代的先驱，普通公司也逐渐意识到共享的好处。例如，制药公司诺华（Novartis）将其研究材料放在II型糖尿病网上，供其他人使用和进一步研究。将来，跨越各种鸿沟——无论是专业领域还是代际——分享专业知识将变得越来越重要。互联网为此提供了无限的空间。

（4）诚信

过去几十年，金融和政治丑闻层出不穷。可以说，诚信并没有成为最受重视的美德。缺乏诚信在几十年前或许可以被容忍，但现在却不再被接受。根据价值观指标，人们对政客、企业和政府的信任已经下降到相当低的水平。只有 30% 的英国人相信政客说实话，却有 92% 的人相信自己的医生。[53] 金融危机和其他备受关注的商业欺诈案件说明了金融和商业界有多么贪婪。在互联网和社交媒体时代，保密和欺骗相当困难。此外，公众对这种行为的宽容度正在降低，诚实、责任和真实性越来越受到重视。

（5）依存关系

一个越来越明显的事实是：行业、国家和文化之间的人为界限已不复存在。正如温室气体排放不分国界一样，我们这个时代的挑战和机遇不再仅限于人造系统。金融危机证明了国家体系之间的依存有多么紧密。此外，只有极少数最激进的非政府组织反对全球化本身，其他全球化的反对者抗拒的只是错误的全球化。迁移是带来新的相互依存关系的全球流动的另一个方面。全球移民存量从 1960 年的 7000 万人增加到 2015 年的 2.43 亿人。[54] 正如牛津大学的保罗·科利尔（Paul Collier）教授所指出的那样，从贫穷国家到富裕国家的迁移势必增加，短期内不会达到平衡；相反，他预测这样的不平衡将是史无前例的。[55] 与货币流通一样，人口流动意味着全球体系中更多的依存关系。

新意识萌发

我相信这些原则将成为未来 40 年第六个康德拉季耶夫长波中社会与政治转型的核心。然而，根据上面提到的几点，很明显，这些原则尚未对世界政治发挥引导作用，尽管少数先驱已经在实施这些原则。在这些原则得到充分落实之前，我们还有很长的路要走。[56]

许多由专制统治者治理的国家——特别是阿拉伯国家——都有一个有趣的共同点：年轻人口。事实上，这些国家的人口年龄结构与西方差异很大。例如，超过 60% 的伊朗人年龄在 30 岁以下。这是巨大的资源，但也伴随着风险，除非有一套重视人权、让更多人能够接受教育和获得工作机会的政治制度。

一个越来越清楚的事实是，青年人边缘化是暴力极端主义的温床。[57]防止基地组织或者 ISIS 这样的势力扩散的唯一可持续的方法是建立尊重民主和人权的政治制度，为青年人提供通往美好未来的和平途径。

集体运动通常源于共同的不满。纳粹的崛起源自"德国几十年来所受的屈辱"，这支力量迅速发迹，最终引发了一场世界大战。今天的问题和过去的一样：什么样的环境滋生了这样的挫败感，让人方寸大乱？是什么让年轻的男女选择了最极端的手段？一个重要的原因无疑是他们感到生活失去尊严。

当某个向内的集体意识随意向外发泄愤怒时，世界就不再有边界了。然而，还有另一种可能性：集体意识演变成社会意识，这突出了周围世界的意识。现在有一股影响集体意识的前所未有的新鲜力量：通信网络的爆炸性增长。借助互联网和移动电话的通信生态为革命提供了关键的杠杆，使革命者能够相互沟通、分享理念和规划集体行动。

未来 40～50 年，我们将迎来第六个康德拉季耶夫长波，这个周期中的一个关键的社会和政治力量是"重建的意识"，这要感谢数字技术的传播以及全球教育体系的发展。新意识加上青年人的抗议（其主要内容是"让我们来决定要建立什么样的社会"）将在未来几十年以更快的速度改变社会。意识也可能导致不可控制的爆发，在这种情况下，集体愤怒可能将矛头对准任何旧世界的制度。

民主与自然资源息息相关

除了缺乏民主，另一个煽动集体言论的因素是自然资源的减少，而人口扩张将加快减少的速度。未来数年或数十年，水、粮食、基本食品和燃料的日益匮乏和不断上涨的价格将在世界各地造成越来越多的苦难。除了资源短缺，气候变化是另一不可阻挡的趋势。气候变化引发的极端天气事件将迫使人们寻找新的地点来居住和谋生。

民主和自然资源是两个紧密交织的因素，未来更是如此。一个国家的民主化程度越低，资源分配就越不均。真正的民主所带来的平等使福利得以在社会中广泛传播，即使该国的人均 GDP 达不到西方国家的水平。这在博茨瓦纳和哥斯达黎加等国已经得到体现。[58] 较高的生活水平不仅取决于人均 GDP，还依赖真正致力于为公众谋利的体制和措施。

原材料和能源的稀缺不可避免地成为社会运动的重要动因。

因此，认识到经济增长或一定水平的 GDP 并不是社会进步的唯一推动因素变得越来越重要。我们必须让更高的生产力为社会造福。"福利生产力"衡量的是对人类福祉的可持续增长的投资所产生的效应。举个例子，以下哪一项能带来更多的福利：投资新的医院设备，投资预防医学，还是向人们传授健康的生活方式？虽然 GDP 的许多变体（如《人类发展报告》公布的"联合国人类发展指数"）[59] 是明显比传统 GDP 更科学的生活水平指标，但它们无法准确衡量社会进步是否为人类创造了更多福祉。目前尚没有完美的衡量标准。

负责任的全球政治时代？

国际上层建筑越来越无法满足它所背负的期望。金融系统的法规框架明显体现了受控系统的复杂性与实行控制的机构的实际能力之间的差距。到目前为止，全球自由流动的金融资本无法通过国家机构进行控制，我们可能需要一个全新的架构来充分体现金融体系的国际性质。虽然欧盟避免了几次重大灾难，但未来其金融体系是否能够持续仍然是个未知数。欧盟的机构一直在努力建设更多的机构和集中权力，而不是利用成员国共同的经济和社会资本真正创造共同的未来。脱欧也无法解决这个挑战。

归根结底，这是人类在实现负责任的可持续发展的过程中必须经历的痛苦。我们不可阻挡地进入了一个相互依存的时代，任何人都不能再盲目追求自私的利益。对于那些从未认真思考过自私自利、不计后果的行动可能带来的后果的人，这无异于一记响亮的警钟。金融危机就是一个绝佳的例子，它告诉我们：当调酒师为你调制了一杯混合了贪婪、傲慢和盲目自大的鸡尾酒，而你还为他喝彩时，会发生什么。

在接下来的 40 年中，世界经济的驱动力量将是不断纠正工业时代遗留下来的问题，比如自然资源枯竭，空气、水等环境污染。这意味着石油和煤炭消耗量将急剧下降，以及由于越来越明显的风险和有害影响而脱离核能。新的智能能源、多功能和可回收材料、先进的数字产品和服务正在将我们的经济提升到新的高度，让人类更加智慧。

全球经济结构比我们所想象的更加脆弱。尽管德国经济强劲，但其增长依赖亚洲经济，而亚洲经济的增长取决于原材料供应是否稳定、是否足以满足需求。但如果其中的影响因素发生变化呢？如果中国经济放缓（2015 年下降至 6.9%，预计还将持续）[60]，亚洲的增长会受到怎样的影响？这意味着欧洲不会体验到以前那样的增长刺激。

多年前，一个伊拉克石油商人对我说："石油换来的每一美元都是被诅咒的美元。"我今天终于体会到了他话中的深意。阿拉伯人民已经厌倦了在西方的"善意援助"下暴富的独裁者。人民的愤怒主要针对独裁者不公正的行为。

不公正的程度因人而异。一些阿拉伯统治者，比如约旦和摩洛哥（实行王位继承制）的君主，实际上在努力赋予人民更多的自由。阿拉伯民主指数显示，这两个国家的民主化程度领先其他阿拉伯国家。[61] 再看看埃及、突尼斯和叙利亚发生了什么：变革的浪潮将席卷所有践踏基本人权的国家。

参考文献

[1] Taxand. 2013. "Is a 'Harmonised' International Tax System Viable?" Accessed September 13, 2016. http://www.taxand.com/taxands-take/ media/harmonised-international-tax-system-viable.

[2] *Forbes*. 2013. "Within Four Years, China To Consume More Oil Than U.S." Accessed March 8, 2016. http://www.forbes.com/sites/ kenrapoza/2013/08/25/within-four-years-china-to-consume-more-oil-than-u-s/.

[3] *The Economist*. 2014. "Catching the Eagle: Chinese and American GDP Forecasts." Accessed March 8, 2016. http://www.economist. com/blogs/ graphicdetail/2014/08/chinese-and-american-gdp-forecasts.

[4] Rosner, Max. 2016. "Democracy." Published online at OurWorldin-Data.org. Accessed September 13, 2016. https://ourworldindata.org/ democratisation/.

[5] *BBC New*. 2011. "Saudi Arabia imposes ban on all protests." Accessed September 13, 2016. http://www.bbc.com/news/world-middle-east-12656744.

[6] Chomsky, Noam. 2011. "Libya and the World of Oil." Accessed March 8, 2016. New York Times Syndicate, http://inthesetimes.com/ article/7146/ libya_and_the_world_of_oil.

[7] *The Christian Science Monitor*. 2011. "Joe Biden says Egypt's Mubarak no dictator, he shouldn't step down..." Accessed March 8, 2016. http:// www.csmonitor.com/World/Backchannels/2011/0127/Joe-Biden-says-

Egypt-s-Mubarak-no-dictator-he-shouldn-t-step-down.

[8]　FAO. 2016. "World food situation." Accessed September 13, 2016. http://
　　　www.fao.org/worldfoodsituation/foodpricesindex/en/.

[9]　Global research. 2015. "One and a Half Billion People Live on Less Than
　　　$1.25 Per Day." Accessed September 13, 2016. http://www.globalresearch.
　　　ca/one-and-a-half-billion-people-live-on-less-than- 1-25-per-day/5443472.

[10]　Barron's. 2015. "Jeremy Grantham Divines Oil Industry's Future."
　　　Accessed March 8, 2016. http://www.barrons.com/articles/SB513675781
　　　16875004693704580443772734531324.

[11]　*Oil & Gas Journal.* 2014. Accessed March 8, 2016. "EIA: OPEC's actions
　　　bring huge uncertainty on crude oil price forecast." http:/ www.ogj.com/
　　　articles/2014/11/eia-opec-s-actions-bring-huge-uncertainty-on-crude-
　　　oil-price-forecast . html.

[12]　Breyer, Christian & Bogdanov, Dmitrii. 2014. North-East Asian Super
　　　Grid: Renewable Energy Mix and Economics. Accessed March 8, 2016.
　　　https://www.researchgate.net/ publication/268743535-North-East_
　　　Asian_Super_Grid_Renewable_Energy_Mix_and_Economics.

[13]　Bremmer, Ian & Roubini, Nouriel. 2011. A G-zero world: The new
　　　economic club will produce conflict, not cooperation. *Foreign Affairs*
　　　March/April 2011.

[14]　Zero Hedge. 2016. G-20 Meeting Ends With Rising Discord Between
　　　China And US. Accessed September 13, 2016. http://www. zerohedge.
　　　com/news/2016-07-24/g-20-meeting-ends-rising-dischord- between-
　　　china-and-us.

[15]　Deutsche Welle. 2016. Climate concerns around new leaked TTIP
　　　document. Accessed September 13, 2016. http://www.dw.com/en/
　　　climate-concerns-around-new-leaked-ttip-document/a-19393318.

[16]　Deutsche Welle. 2016. Leaked papers allege US pressuring EU over

TTIP free trade deal. Accessed September 13, 2016. http://www. dw.com/en/leaked-papers-allege-us-pressuring-eu-over-ttip-free-trade-deal/a-19228527.

[17] Nye, Joseph. 2011. *The Future of Power.* New York: Public Affairs.

[18] Wallerstein, Immanuel. 2003. *The Decline of American Power.* The New Press; Zakaria, Fareed. 2008. The Future of American Power. How Can America Survive the Rise of the Rest? *Foreign Affairs*, May/June.

[19] Sharma, Ruchir. 2013. *Breakout Nations: In Pursuit of the Next Economic Miracles.* New York: W.W. Norton & Co.

[20] Glaser, Charles. 2011. Will China's Rise Lead to War? *Foreign Affairs,* March/April 2011.

Glaser Charles. 2010. *Rational Theory of International Politics: The Logic of Competition and Cooperation.* New Jersey: Princeton University Press.

[21] Coyle, Diane. 2011. *The Economics of Enough: How to Run the Economy as if the Future Matters.* New Jersey: Princeton University Press.

[22] Stuenkel, Oliver. 2015. *The BRICS and the Future of Global Order.* Lanham: Lexington Books.

[23] Focus Economics. 2016. Russia Economic Outlook. Accessed September 13, 2016. http://www.focus-economics.com/countries/russia.

[24] Eurostat. 2016. Energy production and imports. Accessed September 13, 2016. http://ec.europa.eu/eurostat/statistics-explained/index. php/ Energy_production_and_imports.

[25] Pew Research Centre. 2015. "Ukrainian Public Opinion: Dissatisfied with Current Conditions, Looking for an End to the Crisis." Accessed September 13, 2016. http://www.pewglobal.org/2015/06/10/3-ukrainian-public-opinion-dissatisfied-with-current-conditions- looking-for-an-end-to-the-crisis/.

[26] Friedman, George. 2009. *The Next 100 Years. A Forecast for 21*st *Century.* London: Allison & Busby.

[27] The Conversation. 2016. What is Brazilian President Dilma Rousseff's real crime? Accessed September 13, 2016. http://theconversa tion.com/ what-is-brazilian-president-dilma-rousseffs-real-crime-59363.

[28] UNASUR. 2016. UNASUR News. Accessed September 13, 2016. http:// www.unasursg.org/en.

[29] Stuenkel, Oliver. 2015. *The BRICS and the Future of Global Order.* Lanham: Lexington Books, p. 15.

[30] Klare, Michael. 2013. *The Race for What's Left. The Global Scramble for the World's Last Resources.* Picador.

[31] Upstream. 2009. Tupi oil is second independence for Brazil. Accessed September 13, 2016. http://www.upstreamonline.com/live/articlel 173884.ece.

[32] *The New York Times.* 2015. Accessed September 13, 2016. http://www. nytimes.eom/2015/10/11/opinion/sunday/deforestation- and-drought.html?_ r=0; Laurance, William & Williamson, Bruce. 2001. Positive feedbacks among forest fragmentation, drought, and climate change in the amazon. *Conservation Biology,* 15(6), 1529-1535.

[33] Marshall, Tim. 2015. *Prisoners of Geography. Ten Maps that Tell You Everything You Need to Know about Global Politics.* London: Elliot & Thompson, pp. 212-217.

[34] Renewable Energy World. 2016. New Developments in Brazil's Solar Power Sector. Accessed September 13, 2016. http://www.renewableen ergyworld.com/articles/2016/02/new-developments-in-brazil-s-solar-power-sector.html.

[35] Klare, Michael. 2013. *The Race for What's Left. The Global Scramble for the World's Last Resources.* New York: Picador.

[36] Pauli, Gunter. 2010. *Blue Economy. 10 Years, 100 Innovations, 100 Million Jobs.* Taos, NM: Paradigm Publications. Accessed September 15, 2016. http://www.theblueeconomy.Org/uploads/7/l/4/9/71490689/case_86_from_reforestation_to_hangers.pdf.

[37] Asia Biomass Energy Co-operation Promotion Office. 2016. Release of the India Energy Revolution Report. Accessed September 13, 2016. https://www.asiabiomass.jp/english/topics/1302_D2.html.

[38] *The Huffington Post.* 2015. The Economics of Renewable Energy: Falling Costs and Rising Employment. Accessed September 13, 2016. http://www.huffingtonpost.com/adnan-z-amin/the-economics- of-renewabl_b_7452996.html.

[39] Development Alternatives. 2016. Accessed September 13, 2016. http://www.devalt.org/images/L2_ProjectPdfs/CLEAN-India_Brochure.pdf.

[40] *Fortune.* 2015. India: The next superpower? Accessed September 13, 2016. http://fortune.com/2015/01/25/india-the-next-superpower/.

[41] Stuenkel, Oliver. 2015. *The BRICS and the Future of Global Order.* Lanham: Lexington Books, pp. 40-41.

[42] *Boston Review.* 2016. What Future for South African Democracy? Accessed September 13, 2016. https://bostonreview.net/world/vito-laterza-ayanda-manqoyi-future-south-african-democracy.

[43] The Conversation. 2015. Why South Africa's economy is likely to grow more slowly than its potential. Accessed September 13, 2016. http://theconversation.com/why-south-africas-economy-is-likely-to- grow-more-slowly-than-its-potential-46158.

[44] ASSAF. 2014. The State of Green Technologies in South Africa. Accessed September 13, 2016. http://www.assaf.co.za/wp-content/uploads/2015/01/8-Jan-2015-WEB-526305-ASSAF-Green-Tech-mail.pdf.

[45] OECD. 2016. Policy challenges for the next 50 years. Accessed September 13, 2016. http://www.oecd.org/eco/outlook/lookingto 2060. htm.

[46] Gorbis, Marina. 2013. *The Nature of the Future. Dispatches from the Social-Structured World.* New York: Free Press.

[47] *BBC News.* 2016. "Oxfam says wealth of richest 1% equal to other 99%." Accessed March 8, 2016. http://www.bbc.com/news/business-35339475.

[48] Ackermann, Tjitske, de Lange, Sarah L., and Rooduijn, Matthis (Eds.) 2016. *Radical Right—Win Populist Parties in Europe. Into the Mainstream?.* New York: Routledge.

[49] Lang, Sabine. 2013. *NGO's, Civil Society and the Public Space.* Cambridge University Press.

[50] Sorkin, Andrew Ross. 2009. *Too Big to Fail. The Inside Story of How Wall Street, and Washington, Fought to Save the Financial System — and themselves.* London: Viking.

[51] Porter, Michael & Kramer, Mark. 2011. "Creating Shared Value." *Harvard Business Review.* January-February 2011.

[52] Tapscott, Don & Williams, Anothony. 2010. *Macrowikinomics: Rebooting Business and the World.* London: Atlantic Books.

[53] Edelman Trust Barometer. 2016. "2016 Edelman Trust Barometer." Accessed March 8, 2016. http://www.edelman.com/insights/intellec tual-property/2016-edelman-trust-barometer/.

[54] The World Bank. 2012. International migrant stock, total. Accessed September 13, 2016. http://data.worldbank.org/indicator/SM.POP. TOTL.

[55] Collier, Paul. 2013. *Immigration and Multiculturalism in the 21st Century.* Penguin Books, p. 50.

[56] Freedom House. 2016. Freedom in the world 2016. Accessed September 13, 2016. https://freedomhouse.org/report/freedom-world/freedom-world-2016.

[57] UNDP. 2015. Preventing and responding to violent extremism in Africa: A development approach. Accessed September 13, 2016. https://data. unhcr.org/syrianrefugees/download.php?id=10059.

[58] *The Economist.* 2007. The Economist Intelligence Unit's Index of Democracy. Accessed September 13, 2016. http://www.economist. com/ media/pdf/DEMOCRACY JNDEX_2007_v3.pdf.

[59] United Nationals Development Programme. 2015. Human Develop-ment Reports. Accessed March 8, 2106. http://hdr.undp.org/en.

[60] *The Wall Street Journal.* 2015. China's economic growth in 2015 is slowest in 25 years. Accessed March 8, 2016. http://www. wsj. com/articles/china-economic-growth-slows-to-6-9-on-year-in-2015-1453169398.

[61] Arab Reform Initiative. 2014. Arab Democracy Index IV. Accessed September 13, 2016. http://www.arab-reform.net/en/node/289.

The

sixth

第6章
经济的意义

wave

从某种程度上讲，经济是一个明明存在却被人刻意回避甚至无视的问题：它在社会和媒体中的角色不成比例地被放大。事实上，经济术语已经占领了所有领域。它已成为日常语言的一部分。我们"投入"时间，关心环境被称为"循环经济"，关爱病人是"福利经济"。当社会上发生重大事件时，我们请经济专家分析点评，他们是我们这个时代的神职人员。

金融部门——银行、保险公司和其他金融机构——是社会的循环系统。没有它，经济根本无法运转。就像血液将氧气运输到离心脏最远的地方以维持生命一样，金融部门帮助社会推动和创造新的业务。当过多的血液涌入身体的某个器官，或者完全停止输送到另一个器官时，血液循环将无法正常工作。这就像金融危机：起初，经济的某个部分（房地产市场）涌入大量资金，接下来，许多其他部门几乎完全"枯竭"。2008年9月，当金融危机真正爆发的时候，整个循环系统几乎冻结。至今已将近十年，仍然没有恢复（见图6-1）。

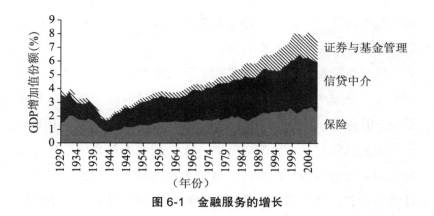

图 6-1　金融服务的增长

资料来源：Greenwood & Scharfstein（2012）.[1]

市场经济理念

18 世纪末，苏格兰经济学家亚当·斯密（Adam Smith）在撰写《国富论》时，为研究经济在社会中的作用和意义创造了一种新的方法。[2] 在那之前，主权财富是以国家金库中的金银数量来衡量的。在观察到英国和欧洲大陆工业社会的发展后，斯密认为，这是一个非常陈旧的财富观，从生产和商业活动的角度观察财富的产生会更加明智。他还采纳了柏拉图的观点，认为社会中的劳动力分配是进步的驱动力量。

在亚当·斯密的时代，经济被严格监管，他看到了监管对经济和企业家精神的限制。因此，他对自由市场经济的看法是深远的：跨越国界和社会边界的交流对经济发展十分必要。大幅提高经济生产力的唯一途径是允许自由交流，尽可能广泛地创造财富和实现自我价值。

　　只有被斯密称为"看不见的手"的机制才能确保社会的公平正义，让整个社会受益。斯密的推论和精辟的见解远远超出了经济的范畴。事实上，他在为某种形式的社会启蒙奠定基础。他的远见已经得到了证实：在收入差距较小的社会中，社会阶层之间的冲突最少。斯密的主要关切是解放贸易和扩大市场，以增加财富。他想把经济从始于中世纪的封建等级体系中解放出来。"看不见的手"的任务是确保私人利益与公共利益相一致。

　　斯密对自由市场经济的构想在过去几十年里逐渐被人们所认知，而他对于"看不见的手"的积极作用的看法却不太有人关注。华尔街 2008 年的崩溃让决策者们决定对金融市场实施更为严格的监管。严格的监管持续了几十年，直到 20 世纪 80 年代末新自由主义政治萌芽，特别是在盎格鲁－撒克逊国家。贸易和金融市场的自由度一点点增加。美国联邦储备委员会主席格林斯潘是这种想法的重要支持者。他认为银行家们很明智，不会做任何损害系统本身的事情。这种天真的想法出自当时最有影响力的经济决策者之一，实在是令人困惑。

　　2012 年春天，高盛集团（世界上最著名的银行公司之一）执行董事格雷格·史密斯（Greg Smith）在《纽约时报》发表了一篇专栏文章，宣布辞去公司职务。他表示不再认可高盛的价值观。[3] 这一事件在银行界引起了巨大的反响。据史密斯透露，高盛的企业文化发生了改变——也许更早，但金融危机之后很明显——变成了一种秃鹰文化。交易员先满足贪欲，最后才考虑客户利益。在他 2012 年发表的《我为什么离开高盛》（*Why I Left Goldman Sachs*）一文中，史密斯从一个重要参与者的角度，分析了金融危机的成因。

史密斯告诉我们，正是由于"谦逊、尊重客户的利益和需求"的公司文化，高盛才能成为世界上最有影响力的投资银行。换句话说，过去的高盛重视诚实和开放，这种态度在 2000 年以后发生了变化。金融危机爆发时，所有员工都在尽全力保护自己的收入，过去的公司文化早已不复存在。

史密斯的故事在现代经济衰退中是典型的。市场和人的情绪一样阴郁。更糟的是，未来对许多人来说黯淡无光。我们知道，在某种程度上，集体心态预示着市场的未来发展。[4]

史密斯提供了有关投资银行家神秘世界的内幕消息。我觉得史密斯的结论非常有趣：没有把那些给普通人造成巨大损失的人和那些像养老基金这样的大型金融机构绳之以法。没有一个关键参与者受到起诉。20 世纪 30 年代的大萧条有不一样的后果：美国参议院组织听证会来确定导致经济崩溃的原因，结果是银行被追责，并建立了新的金融体系。

而这一次，没有听证会，无人被追责，尽管总的损失一样巨大。

安联（Allianz）是世界上最大的私人保险公司。当我 2007 年 12 月加入安联战略部门，负责战略研究与发展的时候，几乎没有任何人讨论金融市场即将出现的重大问题，尽管当时已经出现了初步迹象。到 2008 年春天，市场上出现了紧张情绪，安联开始为糟糕的情况做准备。不过，事后看来，当时人们对金融危机的严重程度并不了解。没有人能够预见这场让金融行业元气大伤的风暴。安联在风暴中表现得相当好。

这说明了现实的本质。这个世界充满了意外，或者说充满了彻底改变我们境地的事件。在事情发生的当下，即使我们可能认为情况已经得到控制，我们也常常无能为力。对安联来说也如此，即使我们被公认拥有世界上最敏锐的财务智慧，这场危机仍然让我们措手不及。

这场意外与市场上不时发生的特殊事件有一定关联。让我们来看看导致莱曼兄弟在 2008 年破产的原因。莱曼兄弟的破产让金融危机进入了最严重的阶段。

公司股票的价值从 2007 年 11 月的 76 美元下降到 2008 年 10 月中旬的 3 美元，公司破产，股票作废。对于那些想看到和了解事态发展的人来说，情况很明显：没有人再信任莱曼兄弟，股价下跌就是证明。在宣布破产的那个早上，几毛钱就可以购买公司的股票。要知道，对所有人来说，那都是一段黑暗的日子。

现在回首，我们可以清楚地看到，危机爆发前的几年，低利率和二级市场的抵押贷款——预先包装在诱惑投资者的产品中，也就是所谓的"结构性产品"——导致市场上流动资产过剩。恐怖袭击事件发生后不久，为防止经济衰退，美联储开始向市场注入资金。

事态发展迅速。投资银行家很快推出新的金融产品，比以前的更加诱人，甚至连生产者都不清楚其内容。银行家许诺丰厚的回报，几年来确实运转良好。2008 年秋天，危机爆发，整个金融界看起来摇摇欲坠。[5]

从经济的角度来看，我们这个时代面临的最大挑战是，包括日本在内的整个西方世界在近几年或近几十年里承受着巨额债务。金融危机期间，包括芬兰在内的许多国家的收入开始下降，负债速度加快。希腊、意大利、西班牙和葡萄牙的债务变得庞大。日本的情况更糟，其债务相对 GDP 增长了 200% 以上。[6]

日本的繁荣始于"二战"之后，20 世纪 90 年代初的金融危机后开始衰落。在那之后，日本再也没有办法回到危机之前的增长轨道。日本没有能够实现社会现代化，强势货币减缓了出口，人口老龄化开始产生效应。除了少数几道曙光，日本经历了近 25 年的经济衰退。30 年前，芬兰被称为"欧洲的日本"，当时这是一个积极的表征。

日本的债务与美国在 2008 年金融危机中养老基金的损失相当。美国债务的增长也相当惊人，2012 年增长了一倍，达到 14 万亿美元，现在接近 20 万亿美元。算上私人债务，美国债务总额攀升至 70 万亿美元。在这笔庞大的国债中，一部分产生自金融危机，当时美国政府为了防止崩溃而大力支持银行。支持措施的时机和规模都很恰当，美国经济现在以 3% 的速度增长，投资率也较高。

更大的问题是，许多国家现在过度消费，十年后将不得不遏制消费。银行由于处于弱势地位，不得不减少贷款。婴儿潮一代的养老金将比预期微薄得多。

　　欧洲或美国公司的价值不可能像过去十年那样增长，尤其是那些生产对市场变化敏感的产品（住房、船只、汽车等）的公司。在困难时期，人们的开支主要用在生活必需品上。

　　经济研究人员正在争论稳定增长是否已到达顶峰。我2009 年就遇到了这个话题。当时我的同事比尔·格罗斯（Bill Gross）提出了"新常态"的概念。比尔是太平洋投资管理公司（PIMCO，安联旗下的一家美国资本投资公司）的高管，也是全球顶尖的投资专家。"新常态"的意思是，金融危机之前的稳定增长已经成为过去，[7] 我们正在进入一个充满变数的时代。

　　从长波的角度来考虑，"新常态"的概念似乎相当合理。旧浪潮接近尾声，新浪潮已经来临，这为未来几十年设定了新的标准。在新浪潮开始的时候，人口老龄化等诸多因素将会发生变化。经合组织预计，2030 年以后，发达国家的经济增长将放缓，平均低于 2%，并且这一趋势将贯穿整个第六次浪潮，直到 2060 年。[8] 未来几十年会有很多不同，不仅是因为经济变化，还因为日益稀缺的原材料、全球变暖和福利国家的危机。我们必须改变我们对"什么是可接受的社会进步"的看法，从而相应地改变我们的标准。

　　虽然一些行业面临巨大困难，但另一些行业将成为赢家，即使经济在未来十年将进一步回落。赢家包括那些通过提高资源利用效率，让客户业务更加智能的科技公司。比如在清洁技术领域，节省的能源成本越多，售出的逆变器就越多。顶尖的教育服务提供商也有望成功。

未来几十年的赢家将是下列领域的领导者。

（1）**从日益加速的全球化进程中获利的公司**：销售包括物联网在内的信息密集型产品和数字化服务的公司；能够在任何地点传输信息的教育机构；提供人力资源服务、让企业具有更大灵活性的公司；使生产和分销链更加智能的各种物流服务；从全球风险的复杂性中获益的安全专家；提供电视之外的新休闲方式的游戏产业。

（2）**从人口年龄结构的改变中获利的医疗保健公司**：医疗技术；生物技术解决方案，如基因疗法；与养老金和医疗保健有关的金融服务。

（3）**通过为关注自身健康的人群提供综合保健服务获利的公司**：保健品、咨询、健康培训以及有机食品。

（4）**可持续性和循环经济市场中的公司**：生物材料、可再生能源生产及服务、自然资源提炼、木基建筑、材料和能源效率咨询、净水技术、回收技术。

（5）**将微观结构集成到产品和服务中的公司**：利用各种形式的纳米技术，如石墨烯，它只有一个原子层的厚度，强度却是钢的 300 倍。[9]

在第六次浪潮中，经济和技术将更加紧密地交织。技术进步的步伐将会加快：新的信息技术、工业互联网、物联网；信息社会发展的新阶段；机器人和自动化；智能交通；能源技术和新材料技术。智能生物技术必然会改变我们的世界。提高系统智能程度的技术空间是无止境的。简而言之，未来几十年，物理、数字和生物驱动力及其推动技术进一步发展的潜力几乎是无限的。就技术而言，我们正在接近世界经济论坛创始人克劳斯·施瓦布（Klaus Schwab）所说的第四次工业革命。[10]

我们以未来的交通为例。目前，许多大城市的交通问题已经到了让人难以忍受的程度，新一代汽车用户采取零排放、零事故、零所有权的"三零原则"。[11]

我们在前面的章节中说过，在 1930 年至 1970 年的第四次康德拉季耶夫长波中，汽车的使用开始增加。在这个时期，移动性大大提高。除了电的发明，没有任何其他东西能像私家车一样给人们的日常生活带来如此大的改变。尽管汽车在许多发达国家不再是地位的象征，但它仍然是现代生活的核心。

传统的内燃机无可避免地过时了——空气污染（虽然由于发动机技术的进步，污染在逐渐减少），交通事故层出不穷，拥堵越来越严重。虽然更多的道路正在建设中，但对于居住在城市环境中的人来说，买私家车已经没有多大意义。很多人的车像废铁一样堆在街上或车库里。我们可以看到，改变的原因有很多，加上 Y 世代（现在 14 ～ 27 岁）对获得驾驶执照的兴趣不如前几代。[12] 他们也更加敏锐地意识到使用汽车的不利影响。[13]

我们可以预测，2015 年出生的人成年后不一定会像现在的人一样去考驾照。新一代的年轻人更喜欢公共交通工具、自行车或打车。他们会使用共享汽车服务，在需要时租用汽车——现在已经有人在这样做了。

将来的汽车在防止事故方面会更加智能。沃尔沃已经有了一个系统，通过算法计算一辆汽车是否处于与特定物体碰撞的过程中。如果是，这辆车会自动进行紧急制动。类似的，如果驾驶员即将变道而不使用转向信号灯，汽车会发出警报。

　　未来的智能交通系统会是这样的：第一，汽车不再制造污染。一旦建立必要的基础设施，电动汽车将快速普及。芬兰已经在做这样的尝试：在停车区域预先设置寒冷天气汽车加热网络，加热器可作为电动车充电器使用，加油站的充电点也越来越多。今天的电动车续航里程足以满足人们的需求，因为人们平均每天驾驶私家车行驶约 50 千米，驾驶公司的汽车约 20 千米。

　　第二，越来越智能的汽车意味着事故会减少。汽车安全的先驱沃尔沃已经把"零事故"汽车作为目标。谷歌的无人驾驶汽车已经跑完 30 多万英里的测试里程，唯一的一次事故是因为有人碰巧在车轮后面。如今，每年有超过一百万人死于车祸——驾车是全球十大"杀手"之一，其中人为因素占 90%。我们有理由让人类免于车祸，不仅是汽车，还有火车、地铁等。货物装卸和运输也将在未来实现自动化。

　　第三，购买私家车在未来不会是常见或明智的选择。大多数车主将属于某个汽车俱乐部，就像我们加入健身俱乐部或使用银行服务一样。自然，城市中的变化会快于农村。当汽车不再需要人来驾驶的时候，它们也可以去农村的某个目的地。像优步（Uber）这样便宜的新型租车服务让我们更高效地使用私家车。这些新型服务正在创造新的共享经济。只要社会规范健全，它们会创造新的就业机会。

汽车行业的未来发展是老工业部门转变成服务业的一个很好的例子。这将为我们的经济注入新的生命力，同时摧毁旧的和无用的制度。所有国家的经济都将变得更加服务化。即使在制造业，服务也将成为收入模式的重要组成部分。例如，在施乐公司（Xerox），服务业务占总收入的比例超过 50%，工业正在变成服务业。

我们仍然需要工业生产，但为了存续，它必须具有很高的生产价值，生产必须高效。更重要的一点是，工业将具有越来越多的服务属性：与客户密切联系，根据客户需求定制产品。未来的生产设施将像咖啡厅一样运作，有各种各样的饮料和点心可供选择，并有销售人员帮助进行交易。如果你愿意，还可以加点果酱。

对各个行业及其技术发展来说，这个加速变革的新阶段正在呼唤某种战略眼光。而且，经济的基调应该更协调。事实上，经济真正的精神不是竞争，而是团结与合作。它还呼唤新的企业家精神——这也是我们接下来要关注的重点。

参考文献

[1] Greenwood, R. & Scharfstein, D. (2012). The Growth of Modern Finance. Harvard Business School and NBER.

[2] Smith, Adam. 1776. *A Wealth of Nations*.

[3] *The New York Times*. 2012. Why I'm Leaving Goldman Sachs. Accessed March 8, 2016. http://www.nytimes.com/2012/03/14/opinion/why-i-am-leaving-goldman-sachs.html.

[4]　Casti, John. 2010. *Mood Matters: From Rising Skirt Lengths to the Collapse of World Powers.* New York: Harper Collins.

[5]　Lewis, Michael. 2009. *The Big Short: Inside the Doomsday Machine.* New York: W.W. Norton & Company.

[6]　Trading Economics. 2016. Japan Government Debt to GDP. Accessed September 13, 2016. http://www.tradingeconomics.com/japan/govern ment-debt-to-gdp.

[7]　PIMCO. 2016. On the "Course" to a New Normal. Accessed March 8, 2006. http://global.pimco.com/EN/Insights/Pages/Gross%20Sept%20 On%20the%20Course%20to%20a%20New%20Normal.aspx.

[8]　OECD. 2014. Policy challenges for the next 50 years. Accessed March 8, 2016. http://www.oecd.org/economy/lookingto2060.htm.

[9]　Graphenea. Graphene — What Is It? Accessed September 13, 2016. http:// www.graphenea.com/pages/graphene.

[10]　World Economic Forum. 2016. The Fourth Industrial Revolution, by Klaus Schwab. Accessed March 8, 2016. http://www.weforum.org/pages/the-fourth-industrial-revolution-by-klaus-schwab.

[11]　Neckermann, Lukas. 2015. *The Mobility Revolution: Zero Emissions, Zero Accidents, Zero Ownership.* London: Matador.

[12]　Deloitte. 2014. 2014 Gen Y automotive consumer study. Accessed March 8, 2016. http://www2.deloitte.com/us/en/pages/manufactur ing/ articles/2014-gen-y-automotive-consumer-study.html.

[13]　Deloitte. 2011. The Service Revolution in Global Manufacturing Industries. Accessed August 23, 2016. http://www.apec.org.au/docs/2011-11 _ training/deloitte2006. pdf.

The

sixth

第7章

歌颂企业家精神

xth

wave

在硅谷，你似乎总能发现创造奇迹的人。举个例子，20 世纪 90 年代，一个叫埃隆·马斯克（Elon Musk）的大学生决定寻找方法解决人类面临的重大问题。他选择了三个有趣的主题：互联网（当时还处于起步阶段）、太空和清洁能源。

马斯克从互联网开始。1995 年，他在斯坦福大学念研究生，刚入学两天，他就想到了一些有趣的点子。他立即辍学，创立了 ZIP2 公司，为报纸出版业开发和推广在线城市指南。这家公司后来以 3 亿美元出售。接着他又购买了另一家公司，这就是后来的 PayPal（eBay 在 2001 年以 15 亿美元的价格收购），全球第一个在线支付解决方案。接下来，他把注意力集中在他真正的热情上：太空。随后，他创立了 SpaceX，其商用飞船是第一个与国际空间站上对接的航天器。马斯克的目标是建造一艘飞船，实现火星移民，将生命送到地球以外的地方。马斯克表示，主要的技术问题即将解决。美国宇航局（NASA）希望在 2030 年送宇航员上火星，硅谷企业家可能会更快地实现这一宏伟目标。[1]

马斯克还创立了特斯拉汽车公司，该公司正在开发新一代电动汽车。它制造了世界上第一辆时速超过 186 英里的电动跑车。

之后 Model S 系列上市。该系列在芬兰的售价约 10 万欧元。据广告宣传，其电池续航里程超过 300 英里。它的内部类似于飞船。马斯克承诺推出一款价格更低、体积更小的车型：Model 3。

为推广清洁能源，马斯克创立了 SolarCity，一家设计太阳能发电系统的公司。SolarCity 商业模式的巧妙之处在于，房主不必购买设备，而是以租用代替。这样的商业模式符合双方的利益。SolarCity 现在是家用太阳能电池板的领先制造商。SolarCity 还为电动车辆建立充电站，并提供能源效率审计。2015 年 5 月初，特斯拉推出"能量墙"（Power Wall），公司宣称，能量墙将解决储能问题。

马斯克非常像史蒂夫·乔布斯，但比乔布斯更彬彬有礼。两个人都创立了非常成功的公司。他们代表了企业家梦想，并拥有实现梦想的所有特质：坚定、意志力和自律。他们是我们这个时代的英雄企业家。正如阿什利·万斯（Ashlee Vance）在他最近的传记《硅谷钢铁侠：埃隆·马斯克的冒险人生》（*Elon Musk: Inventing the Future*）中所说的那样："马斯克愿意尝试不可能的事情，这让他成为硅谷之神。"[2]

从广义上讲，企业家精神更多的是为人们提供自我实现的机会。就在几十年前，大部分西方国家的企业家还被视为靠不住的"商人"。而现在提到"企业家精神"，人们的态度更多的是接受与欣赏。

很明显，相比世界其他地方，欧洲未来更需要企业家。大型工业雇用人才的能力在未来几十年将会萎缩，这在过去 50 年里已经得到了体现。特别是在过去的 20 年，新岗位的创造大多依靠中小企业。[3]

要创立一个新公司需要具备三个条件：一个好的商业理念、业绩能力和融资。最后一项对许多公司来说尤其困难。如果以美国为标准，芬兰的"天使投资者"（在企业的创立阶段为企业提供资金支持的投资人）数量应该是美国的六倍。挪威的投资者数量是芬兰的三倍。由于新公司创造越来越多新的就业机会，我们需要越来越多的投资者在创业阶段为创业者提供支持。

数字游戏经历了巨大的繁荣，因此数字领域的大部分投资流向了游戏行业。数字商业理念正在快速发展，数字技术解决方案有巨大的发展空间。数字技术的发展也得到了 Slush 的支持。Slush 是欧洲最大和最重要的创业公司和投资者会议，每年在芬兰举办。

企业家精神无处不在：在孟加拉国，穆罕默德·尤努斯（Muhammad Yunus）于 20 世纪 80 年代创立了孟加拉乡村银行（Grameen Bank）。银行向农民提供小额贷款，特别是那些无法从贷款机构获得资金或者被迫以高昂利率借钱的妇女。孟加拉乡村银行非常成功，其模式已经推广到其他 100 多个国家。[4]

在非洲，小额信贷在金融体系的三个层面上发展——微观（金融服务提供者）、中观（支持服务提供者）和宏观（政策、监管框架和监督），凭借为穷人提供谋生方案，小额信贷广得人心。[5]似乎环境越来越有利于这些新模式，小额信贷已经为无数人提供了金融服务。当然，它也可能带来新的问题，比如增加贫困妇女的债务负担。[6] 然而，虽然小额信贷的影响很难被准确衡量，但其他一些积极的行动确实在切实帮助穷人。例如，在印度，小额保险正在迅速普及，让贫困农民在作物歉收的情况下也能获得收入。[7]

在未来几十年，第六次浪潮推动的技术进步将让世界进入一个新时代，在需求最大的领域，新兴企业将蓬勃发展，并拥有最广阔的增长前景。健康和保健业务、新材料开发、新能源生产、数字解决方案和老年护理业务比比皆是。显然这些行业将争夺业务和投资者。

然而，这是一个比纯粹的技术更广泛的现象。物质和能源效率方面的担忧将不可避免地带动物质和服务周期方面的新创新。我近几年访问硅谷时，发现了许多有意思的企业，他们的活动是寻找新的方法来提高消费品的智能水平。

我遇到的最有趣的硅谷企业家之一是尼尔·格兰弗洛（Neal Gorenflo）。21 世纪初，他曾是华尔街的一名成功的金融家。有一次他去欧洲出差，在布鲁塞尔的一个停车场精神崩溃。格兰弗洛突然明白，他的生活没有任何意义。他厌倦了他的工作——设计各种贪婪和自私的解决方案。他决定改变自己的人生。

格兰弗洛放弃了他在华尔街的工作，追随自己的激情，搬到了加州硅谷附近的山景城。他创立了 Shareable，一个用于公共和私人发展项目的数字平台。Shareable 很成功，成千上万的人分享了他们的想法，以建立一个更加可持续、更加可接受的未来。许多项目是非营利的，它为"共享经济"的新文化做出了贡献。

　　共享经济是指新的、更有效的资源利用方式。举个最简单的例子，在你自己不需要用车或者不在家住的时候，将你的车和家租给别人，这就是共享经济。在过去几年里，加利福尼亚涌现出大量基于共享和联合使用的组织和商业模式。Shareable支持的所有项目都体现了创业精神的新理念：如果我们敢于采取主动，世界可以变得更美好。

　　这个新时代最有趣的企业之一是爱彼迎（Airbnb），一个由旧金山的几个学生创立的公司。有一次，他们帮助几个参会者找住宿，发现当地的酒店都订满了，于是他们将住客安置在自己家中。这几个学生发现，这不仅方便住客参会，而且给了他们与普通酒店完全不同的住宿体验。一个商业理念就这样萌发了：让普通人租住空房间和空房屋。这不但解决了酒店满房的问题，而且价格合理，还有机会结识当地人。该服务适用于业主，人们不愿处理（或者无法做到）的文书工作、推广和其他实际工作由经纪人处理。在这个模式中，每个人都是赢家。爱彼迎现在是全球最大的连锁酒店，截至 2016 年年底，其业务已遍及191 个国家。[8]

　　是什么使硅谷成为世界上最具活力的经济体以及最活跃的新兴企业聚集地？看起来好像是人们分享想法和合作的方式。这实际上是硅谷的秘密——并不是因此硅谷有许多投资者、热情的企业家和顶尖的技术专家。当然，这些因素很重要，但合作才是硅谷区别于其他大城市的最主要的原因。难怪共享经济的第一项业务是在硅谷建立起来的。因此，我们可以把硅谷视为新技术的熔炉，新理念能够在这里抽枝发芽。这要归功于共享文化。[9]

数字技术的进步为更人性化的服务和体验提供了全新的可能性。数据处理让每个客户都能获得他 / 她所需的信息。在使用爱彼迎以前，我从来没有获得过如此详细的住宿信息。最重要的是，我能获得有关目的地城市的相关和有用的信息。它也让我能够与当地居民真正地接触。

欧洲准备好迎接共享经济文化了吗？我们的文化、制度和生活方式是否支持共享原则？我的回答是肯定的。比如，众筹为投资和贷款提供了机会，而这种投资和贷款在过去只有极少数人可以获得。在美国有数十亿美元的众筹资金流通。在其他一些国家，众筹的发展受到法律法规的制约。我们需要在保护消费者和支持这一创新融资工具的推进之间取得平衡。

事实上，许多最成功的公司都是在共享理念的基础上建立的。例如，谷歌的搜索服务是免费的，因此原则上是谷歌公司在与用户共享资源。脸书的使用也是免费的。你付出的代价只是收看广告。这些公司在硅谷蓬勃发展并不奇怪。

共享文化体现了硅谷的精神：你分享，你就会赚钱。即使硅谷的日常生活远离嬉皮文化和伍德斯托克音乐节，但那些源自 20 世纪 60 年代的永恒的东西仍然是硅谷的文化 DNA。我可以想象，下一代的许多代表都会欢迎这些理想。

我还知道硅谷许多以社会为导向的公司，比如 Give Something Back。这是一家销售办公用品的普通公司，但是它将大部分利润捐献给慈善机构。资金被分配给在客户社区从事民事工作的非营利组织。创始人迈克·汉尼根（Mike Hanningan）说：

> "我是一个不可救药的'世界改良者'，但我还得养家，所以我决定把两者结合起来。一天晚上，我和我的生意伙伴用保罗·纽曼的公司（该公司的利润全部用于慈善）生产的番茄酱做意大利面，我的伙伴说：'我们没有保罗·纽曼的蓝眼睛，但是我们懂办公用品，另外，我们想改变世界，我们两件事情都要做！'" [10]

该公司的成功已经延续了 22 年。

硅谷文化

硅谷的秘诀正是它的文化：一种有利于创业和共同创造的文化。这种文化是由 20 世纪 60 年代的硅谷先驱们建立的，他们放弃了层级式的商业模式。这种文化将西式的创业信念和先驱们取消层级的做法，与东方的社区商业模式相结合——"各自为政"同时又"比肩而立"。

经过仔细研究，我发现，信息共享是硅谷所有活动的基础。创造力在融合了技术知识、创新和新服务理念的丰富文化中繁荣兴盛。世界各地的优秀人才被吸引到硅谷，让丰富更加丰富。在硅谷，三分之一的创业者拥有亚洲背景。[11]

　　要理解技术，就必须认识到技术更多是为了拓展人的能力，重要的不是技术本身。换句话说，技术应该被视为文化的产物。我们可以假设，硅谷是"CARE 文化"的发源地，这种文化的特点如下所述。

　　（1）**愿意交流信息和合作**。合作的质量至关重要。硅谷人坚信，在合作中付出越多，获得的成果就越多。这被描述为"业力管理法则"：当条件适合时，共同行动总是能带来回报，因为它是有益的。这可能是硅谷文化结构中最重要的因素。

　　（2）**以全新的方式利用核心技术**。最重要的不是每个人能做到什么或能达成什么，而是通过合作能实现什么。技术知识不一定是最重要的。最重要的是综合、质疑、观察、建立网络和测试的能力。

　　（3）**建立系统关系，以推动发展**。我注意到这些公司有多么重视持续创新。这让投资者能够取得非凡的成功：在美国，三分之一的投资活动是针对硅谷的。例如，得益于投资者的支持，云技术早在获得全球认可之前就在开发了。

　　（4）**对破坏式创新的热情**。许多硅谷企业家的动力来自这样的信念：很多全球问题可以通过他们的工作得以解决。如前所述，埃隆·马斯克致力于解决人类面临的三大挑战：清洁技术、到达其他星球以及发展互联网。

　　（5）**追求可持续的解决方案，而不是短期收益**。虽然我们不可低估人对金钱的渴望，但硅谷的重点是创造可持续的价值。这在许多方面不同于其他地方的惯常做法。失败不等于结束，相反，它被认为是必要和有益的经验。

（6）**愿意承担风险**。在硅谷，人们对风险似乎有很高的容忍度。这也是文化的产物：投资者习惯于承担高风险，而创业者本身也具有风险承受能力。

（7）**专注于未来**。过去的成就并不那么重要。重要的是对产品开发的热情。在硅谷，感情和理性一样重要。一个公司最有价值的名片是其充沛的能量，这些能量源于你对于你的理念或产品的信心。

已经到来的第六次浪潮将为创新头脑提出更多挑战。后工业社会是依靠新商业模式的运用，以及数字、生物、纳米和能源技术等新技术建立起来的。在这样的新社会中，材料和能源将被回收利用，制度将被全面审查，重点将是提高商业智能和资源利用效率。税收对象应从劳动力转向原材料，这有利于建立一个对创业者更有利的社会。要实现这一转变，需要巨大的技术飞跃。因此，未来我们还需要技术先驱，即那些可以为新的、更可持续的社会、经济和文化创造机会的坚定的创业者。

当今社会最大的问题不是贪婪的银行家，甚至也不是环境问题，而是资源浪费。而资源浪费是最近一些年才出现的问题。在大部分人口居住的农村地区，借用工具的做法十分常见。这是明智的，因为资源有限。我们中的许多人可能还清楚地记得，前几代人并不喜欢买新东西来替换还能使用的旧东西。一根橡皮筋就可以将洗衣机的使用寿命延长数月甚至数年。不过，最近某种"修理文化"正在复苏。

一个欧洲人每年消耗 15 ～ 20 吨材料，[12] 每天超过 40 千克。一杯含有七到八克咖啡粉的咖啡要使用 140 升的"隐藏"水，这是从咖啡豆生长到制成最终产品所需的水量。要达到可持续的水平，我们需要把每年的消费量减少到八吨。我们正朝着错误的方向前进，如果我们不做出改变，那么到 2050 年，我们的消耗量将再翻三倍。[13]

情况必须改变。我们可以假设，新一代企业家将创造机会，使转变成为可能。在经济方面，这意味着新的产品和服务，这将使新的商业模式成为可能。越来越多的共享经济模式正在世界各地兴起，人们对其基本原则也越来越熟悉。[14] 无论其形式如何——非营利性和营利性，共享经济都将带来更可持续的经济，这一点毋庸置疑。[15]

对于新一代来说，创业似乎是一个必然选择。数字服务企业已经走在了前面。许多具有创业精神的小企业在过去几年中蓬勃兴起，其中一些的规模从最初的寥寥数人发展到现在的数百人。

企业家精神最深层次的核心是系统思维。这听起来令人惊讶，让我来解释一下。企业家创建一个流程，然后竭尽全力，看企业是否成功。通常，成功取决于能否挺过所有失败，从中学习并继续向前。

这就是系统思维的应用。系统思维的先驱，罗素·艾可夫（Russell Ackoff）指出，那些拒绝应用系统思维的组织无法引入新思维。[16] 在这些组织中，错误是用来惩罚的，而不是用来学习的。

企业家必须从自己的错误中学习，快速学习，否则企业就会失败。但是，当一个组织不断成长并逐渐稳定时，创新就会被遗忘，错误也会变成可怕的事情。这是领导力发挥作用的时候，也是我们接下来要讨论的主题。

参考文献

[1] TED. 2013. Elon Musk: The mind behind Tesla, SpaceX, SolarCity. Accessed March 8, 2016. http://www.ted.com/talks/elon_musk_the_ mind_behind_ tesla_spacex_solarcity#t-71731.

[2] Vance, Ashlee. 2015. *Elon Musk: Tesla, SpaceX, and the Quest for a Fantastic Future.* New York: Ecco Press.

[3] Global Entrepreneurship Monitor (GEM). 2016. Country profile: Finland. Accessed March 8, 2016. http://www.gemconsortium. org/country-profile/61.

[4] Yunus, Muhammed. 2011. *Building Social Business. The New Kind of Capitalism that Serves Humanity's Most Pressing Needs.* New York: PublicAffairs.

[5] Microfinance in Africa. 2013. United Nations Office of Special Advisor to Africa. Accessed August 23, 2016. http://www.un.org/en/africa/osaa/pdf/ pubs/2013microfinanceinafrica.pdf.

[6] Africa Renewal. 2011. Microfinance: What role in Africa's development? Accessed August 23, 2016. http://www.un.org/africarenewal/magazine/ august-2011/microfinance-what-role-africas-development.

[7] *The Hindu Business Line.* 2016. Future Generali eyes 30% growth in rural, micro insurance biz this fiscal. Accessed August 23, 2016. http:// www.thehindubusinessline.com/money-and-banking/future- generali-eyes-30-growth-in-rural-micro-insurance-biz-this-fiscal/article 8505158. ece.

[8] *Business Insider.* 2013. Airbnb Is on Track to Be the World's Largest Hotelier. Accessed March 8, 2016. http://www.businessin sider.com/airbnb-largest-hotelier-2013-ll?IR=T.

[9] Piscione Perry, Deborah. 2013. *Secrets of Silicon Valley: What Everyone Else Can Learn from the Innovation Capital of the World.* New York: Palgrave McMillan.

[10] Give Something Back. 2016. A Kinder Corporation. Accessed March 8, 2016. http://www.givesomethingback.com/CustomLanding Page. aspx?cpi=Founders.

[11] Piscione Perry, Deborah. 2013. *Secrets of Silicon Valley: What Everyone Else Can Learn from the Innovation Capital of the World.* New York: Palgrave McMillan.

[12] Materialflows.net. 2014. Material consumption and economic devel-opment by content. Accessed August 23, 2016. http://www.material flows.net/fileadmin/docs/materialflows.net/factsheets/matflow_FSl_ update2014_web.pdf.

[13] UNEP 2016. Global Material Flows and Resource Productivity. Assessment Report for the UNEP International Resource Panel. Accessed August 23, 2016. http://unep.org/documents/irp/16-00169_ LW_ GlobalMaterialFlowsUNEReport_FINAL_160701.pdf.

[14] PWC. 2015. The Sharing Economy. Accessed August 23, 2016. https:// www. pwc. com/us/en/technology/publications/assets/pwc-consumer-intelligence-series-the-sharing-economy.pdf.

[15] See a great article of sharing economy by Prof. Julia Schor, Accessed August 23, 2016. http://www.greattransition.org/publication/debat ing-the-sharing-economy.

[16] Ackoff, Russel. 2006. Why Few Organizations Adopt Systems Thinking. Accessed March 8, 2016. http://ackoffcenter.blogs.com/ackoff.center_ weblog/2007/03/why_few_organiz. html.

The sixth

第8章

领导自由

wave

20世纪 90 年代末，芬兰移动通信公司诺基亚正处于鼎盛时期，《财富》（Fortune）杂志的一名记者来到芬兰，试图探求诺基亚成功的秘密。当时，整个商业界都想知道诺基亚为什么能够在短时间内成为全世界最成功的公司之一。记者首先采访了几位高层管理人员。他们的对话揭示了成功背后的几种可能的原因，其中有先进的技术、有效的分销渠道以及精细化的流程。但是，这些原因都没能说服记者。他知道肯定还有其他原因。

在诺基亚总部的最后一天，记者拜访了当时的首席执行官约玛·奥利拉（Jorma Ollila），对他做了最后一次采访。讨论很有趣，虽然说的都是记者已经知道的东西。采访结束时，奥利拉问记者是否想吃点东西。记者点了点头，两人走向员工食堂。他们在排队结账时，记者注意到，每一位员工，无论他们在公司处于什么级别，都和奥利拉轻松自然地打招呼。

每个员工都亲切地称呼这位受人尊敬的首席执行官为"约玛"。记者突然明白，这才是诺基亚的秘密武器。诺基亚的进步与创新文化背后是非等级组织结构，奥利拉用他的实际行动表明了对这一模式的支持。

遗憾的是，诺基亚近几年的表现证明，一样东西可以被创造，也可以被破坏。原本光辉的组织文化由于僵化不力的领导、不公正的奖励制度和沟通问题逐渐变得黯淡。到 21 世纪初，诺基亚已经发展成为全球品牌价值最高的非美国公司。诺基亚的王牌产品——手机，并没有被日益强大的苹果、三星等竞争对手完全打败。真正摧毁诺基亚的，是其腐败的企业文化。创造优秀的企业文化是不够的，它还必须得到维护。

诺基亚的例子告诉我们，组织的成败取决于内部而非外部因素。一切始于领导。

2015 年大众公司的（VW）排放舞弊事件也是如此。虽然这一切始于一桩外部事件（大众汽车被美国的一个外部研究小组发现排放量超高），但这个丑闻揭示了公司真正的问题：野心勃勃的首席执行官马丁·文德恩（Martin Winterkorn）憎恶失败，他想让大众公司成为世界上最大的汽车制造商。公司内部滋生的恐惧文化促成了一系列愚蠢、短视的决定。在当时的情况下，为了达到美国严格的排放标准，大众公司制造了隐藏测试结果的软件，所有这一切都是为了在美国获得更大的市场份额。但真正的问题在于允许这种事件发生的企业文化。[1]

从追求利润转向对资本的人文理解

在世界各地的企业里，人们越来越意识到，企业不仅仅是为股东创造利润的业务单位。即使是前通用电气 CEO 杰克·韦尔奇（Jack Welch，也叫"中子弹杰克"）这样的传奇人物也倾向于这种观点。他也曾不惜一切代价为股东创造价值和利润，不太顾及员工或环境。例如，他为了让通用电气逃避承担向哈德孙河倾倒大量废物的责任而做出了长久而艰辛的努力。在那之后，他认识到，企业不应该对环境造成危害而不负责任。[2]

归根结底，企业建立在组织和人员之上。公司不是一个孤立的岛屿，而是社会、自然、客户、供应商、员工，当然还有股东所构成的网络的一部分。

在企业中，你可以尽可能聪明，拥有最好的产品或技术，但如果你不知道如何与所有这些利益相关者合作，那么迟早会出问题。从人文角度来理解商业，能让你对人力资本在组织中的作用有全新的认识。人力资本渴望智慧的领导。

那么究竟什么是领导呢？从组织的角度来看，正如跨国研究机构肯耐珂萨研究所（现名"IBM 智慧劳动力研究院"）所指出的，任何组织中都有三个影响员工忠诚度的关键因素。

（1）**公司愿景和战略目标。**公司未来的确定性与员工忠诚度直接相关。这将决定公司是否有清晰的目标，让员工可以把自己的目标和未来联系在一起。下面这个案例说明了愿景的重要性：约翰·麦基（John Mackey）创立并管理着一个连锁杂货店——全食超市（Whole Food Markets），主要销售有机食品。公司过去几十年的发展比沃尔玛更令人瞩目。麦基认为，一个企业必须有比商业目标更高的目标。这就是为什么他的企业正在努力"改变世界，把它变成一个更好的地方"。[3]如果这个崇高的目标可以在公司的宗旨和活动中得到体现，并且可以变成业务（事实上全食超市也正是这么做的），那么愿景将如愿实现。人们需要一个真正有激励作用的愿景。这个愿景必须远远高于商业目标，并且能够帮助社会和社区更好地运转。人们必须感觉到自己的工作会取得有意义的成果。

（2）**个人的未来与公司未来息息相关**。企业需要为员工提供充分的学习机会和晋升机会。当然，金钱是一个重要的激励因素，但其他因素更为重要。注重专业发展的人想知道雇主是否有兴趣帮助自己提升技能。近些年，这个问题在员工调查中得分很低。换句话说，企业常常不能满足这个需求。看来这是一个关键的激励因素，其与绩效的关系显而易见。

我们在讨论的不仅仅是每个企业能够提供的福利，而是企业是否真正将员工视为可以培育和发展的人力资本。企业是否愿意真正地发挥员工的优势，帮助员工在他们认为重要的领域取得发展？

如今，股东和董事会都在想方设法让高层管理人员留在公司。他们为此建立奖励制度并提供其他津贴，如额外的退休金。他们还经常提供很棒的领导力培训。但是，如果中层管理人员享受不到这些福利，他们就会感到被剥削，不满情绪就会蔓延。只有真正关注每个员工的未来，企业才能真正提高中层管理者和一线员工的忠诚度。这让员工渴望在公司内部实现个人发展。提高员工忠诚度的方法还包括为其提供在其他国家或业务点工作的机会。

（3）**公司对"工作与生活的平衡"的态度**。与 30 年前相比，现在的工作灵活性更高。同时，工作与生活之间的界限也日渐模糊。越来越多的人感到工作侵占了他们的私人生活，尤其是从事脑力工作的人。因此，在肯耐珂萨的"影响员工忠诚度因素"清单上，"工作与生活的平衡"排在第三位也就不足为奇了。

社会学家威廉·H. 怀特（William H. Whyte）在他 1957 年出版的经典著作《组织人》（*Organization Man*）中描述了一位为同一个组织奉献一生的人。怀特认为，这种态度背后的社会伦理是：将组织需求置于个人需要和需求之上。[4] 作为回报，员工获得稳定的工作，并有精力从事生活中的其他事情。

"组织人"正与那一代人一同消亡。终身雇佣关系并不适于一类新的、更具流动性的员工。他们不断寻找与自己价值观一致的公司。

根据社会学家的观点，推崇更加个性化的价值取向对社会有着重要影响。[5] 真正关心员工的企业需要做很多事情——健康的食物、体育活动和文化，以及更多陪伴家人的时间。只有这样，企业才能期望员工做出贡献。

看来，充分的自由可以带来持续的忠诚。

上述三个方面对于任何组织的精神健康和成功都至关重要。投资人力资本是现代专业组织提高生产力的最佳途径。即使在制造业，提高生产力的关键也不再是工厂如何更高效地生产产品，而是如何更加系统化地组织工作、如何提高员工的积极性。总之，提高生产力是企业领导的首要任务。因此，了解影响员工敬业度的因素非常重要。

一种全新的领导观念正在形成，它完全摒弃了旧的管理理念。关于层级式领导结构的旧理论饱受诟病。代表新思维的企业大多从事数字技术业务，但也有例外。荷兰养老服务公司博组客（Buurtzorg）、美国服装公司巴塔哥尼亚（Patagonia）、芬兰软件公司超级细胞（Supercell）正在以激进的方式推行这种自我管理的新方法。[6]

它们的共同点是最大限度地减少层级，尽可能下放责任和权力。团队在实践中承担责任，并在团队内共同决策。最高领导层的任务是确保员工正确使用权力和责任，他们充当公司的外部"大使"，为公司找到最好的员工——与公司价值观一致的员工。

在关于组织和知识型领导的研究中，"自组织"被认为是组织的最高形式。自组织在秩序和混乱的边缘摇摆不定。要在组织内部保持理想的动态，必须允许这样的摇摆。

然而，人类热爱秩序。即使是现代官僚制度也来源于我们对系统化和优化绩效的需求。秩序和组织结构确保每个人都知道自己的位置和权力界限。我们习惯于认为，只有这样才能优化组织绩效和创造高质量的成果。

层级增加时，它会很轻易地扼杀组织内的创造力，还会使员工的工作热情下降，削弱员工的积极性。避免错误会妨碍学习和成长。从系统的角度来看，从错误中学习是组织实现可持续发展的最佳保证。

　　对于个人来说，自我表达变得越来越重要。如果找不到适当的自我表达方式，一个人将无法茁壮成长。社会学家罗纳德·英格尔哈特（Ronald Inglehart）研究了世界各地价值观的演变，他注意到，自我表达的欲望已成为人类活动的主要动机。[7]

　　自我表达将人带到新的层面，而沿袭旧习会让人失去存在感。那么这在组织层面意味着什么呢？意味着当前的任务是将组织转变为动态系统，或者不断运动并且有机运转的系统。根据芬兰游戏公司超级细胞（它被认为是世界上发展最快的游戏公司）创始人埃卡·潘纳宁（Ilkka Paananen）的说法[8]，企业必须像活的有机体一样运转，不能生长的部分迅速死亡，能生长的部分才有发展空间。方案被快速采纳或丢弃，组织从错误中快速学习。只有当决策权在职能部门而不是中央领导，这一切才会成为可能。

　　荷兰养老服务公司博组客是另一个颇具说服力的例子。在过去十年中，它从无到有，成为荷兰发展最迅速的机构之一，目前拥有 1 万多名员工，连续多年被评为荷兰最佳雇主。[9]博组客的目标是在其所有业务领域帮助客户独立生活。这个原则指导着其团队的自主运作，每个团队由 10 ～ 12 名护士组成。养老服务本身是利用一个易于使用、基于网络的内联网系统进行组织的，该系统为护士提供充分的支持，以便他们有效地完成自己的工作。所有团队都有权决定如何安排他们的工作，只要符合效率标准。由于没有上司监督他们的表现，护士们共同承担领导职责。根据我们对工作人员的采访，一名护士需要花费大约一年的时间学习如何适应这种自主的团队结构。[10] 根据许多受访者的观点，让博组客如此独特的最主要的原因是：通过分享权力，建立高度信任。[11]

皮尔约·斯塔尔（Pirjo Stahle）教授和研究员托默·库尔萨（Tuomo Kuosa）指出，动态的自组织结构需要遵循以下三个原则。

（1）**动态系统力求从新的机遇中获得最大收益**。换句话说，自组织结构保留了识别外界变化的能力。它们能够更好地识别客户（不断变化的）需求，并在必要时灵活地转变方向。

（2）**当动态系统存在于一个复杂的、自发的、相互交互的网络中时，系统的成功概率最高**。用组织语言来说，这意味着团队合作、跨组织联网和不受高层干扰的自由运作是成功的最佳条件。这种组织模式——特别是在充满活动和动力的外缘——使整个组织得以运转，它也有助于企业在市场中脱颖而出。

（3）**系统实现自身利益的宗旨是自主更新的关键**。组织中的权力下放有助于实现更有效的自我引导。比如，与客户直接接触的员工往往更熟悉现有产品的问题，如果他们没有决策权，就会出现沟通问题和障碍。[12]

无论私营企业还是公共部门，离上述组织模式都还相去甚远。现有的大多数模式可以追溯到工业化时代，并且都建立在层级结构之上。与此同时，由于经营环境的压力，加上其自身的主动性，公共部门的角色正在从"管理"缓慢转变为"推动"和"咨询"。然而，只有在自我实现的原则和由此产生的更新被接受和实施的情况下，这样的角色才能实现转变。

传统企业迫切需要转变思想。林业部门的一位创新主管曾
对我说："如果我们员工的工作效率有我们顶级造纸厂效率的
十分之一，我们就万事大吉了。"换句话说，相比建立一个有
效的组织，他的公司更擅长制造造纸机。

领导力与社会交互

在第六次浪潮中，企业与社会的关系将会更加紧密，这次
浪潮已经开始，将持续到 21 世纪中叶。企业界和公共部门之间
将会有越来越多的联盟与合作。这些联盟将比现行体制更好地
满足人类的需求并解决各种社会问题。这需要社会对企业有深
入的了解。这也需要企业深入思考什么是最能激励员工的因素。
人力资本对企业来说将变得越来越重要，因此需要给予人力资
本管理更多的重视。

过去，人力资本及其培养并不是企业关注的重点。通常，
企业的核心思想是管理产品和服务（或者业务）。老话说得好，
"经营是企业的天职"，一个公司的成功靠的是经营好生意。
然而，事实并非完全如此，尤其是对于一个有远大理想的公司。
企业应该仔细审视其经营方式，而不是只关注业务。否则，他
们将永远达不到专家级别，因而无法获得最好的结果。可是谁
不想获得最好的结果呢？

人力资本成为企业关注的重点

吉姆·柯林斯（Jim Collins）是企业研究领域的传奇人物，他研究如何把优秀的企业变得卓越。他的一个结论是，成为卓越企业的一个必要条件是对人力资本建设的重大投资。[13] 领导力和人力资本管理似乎比其他任何业务职能都更需要深入的知识、敏锐的思维和果断的执行。这与传统的人力资源管理没有多大关系。传统的人力资源管理着重于引入人员并管理他们。

随着我们迈入生产力发展的第六个周期，领导力发展的三大特征逐渐清晰。以追求卓越为目标的组织重视这些特征，以超越平庸。

（1）**组织需要一个能够激励员工的愿景。**这个愿景必须超越狭隘的商业目标，比如为股东创造利润。这个愿景需要被制订、被审议、被传达，这样才能赢得整个公司的承诺。第六次浪潮已经来临，在不稳定的经营环境下，企业内部必须有明确的方向感，前提是企业对如何保持高度的活力有非常清晰的概念。

瑞士圣加仑大学（University of St, Gallen）的海克·布鲁赫（Heike Bruch）教授和英国亨利商学院（Henley Business School）的伯恩特·沃格尔（Berndt Vogel）教授率先分析了全球组织的能量水平及提升方法。[14] 他们提出了"组织能量"的概念，并将组织的工作方式分为几类：效率和幸福感为正能量，压力和腐蚀性为负能量。通常情况下，上述几种能量都可以在组织中找到。在一个组织的能源水平崩塌之前，最高领导层中间一定有某种能量占据了主导地位。最重要的积极行动是明确公司的愿景和目标，并确保员工与之息息相关。

（2）**组织必须了解其社会属性。** 全球化和不断变化的人口结构正在动摇当前的福利国家模式，真正的问题在于如何将这些变化当作商机。企业与社会的关系将更加紧密。未来，企业界和公共部门之间将会有越来越多的联盟与合作，这些联盟将满足人类的需求并解决各种社会问题。

反映全球和本地经营环境的变化，新的企业文化更具社会意识。企业价值观和活动必须适应下一代员工和客户的价值体系。可持续发展的成功企业依赖其价值观来定义其组织模式以及产品和服务的类型。

在第六次浪潮中，对领导能力的投资有助于企业设定更宏伟的目标，特别是有关企业在社会中的总体角色的目标。这些目标仍然体现在公司结构和商业模式中。一些开创性的公司，例如通用电气，启动了一个名为"绿色创想"（Ecomagination）的能源效率项目。"绿色创想"的倡议是创造更多的环保产品：在 2010 年以前实现 180 亿美元的销售额，而且创造巨大的品牌价值。为了应对消费者对大型企业越来越多的不信任，企业将通过不同的举措和计划来展现帮助解决社会问题的意愿。

理查德·巴雷特（Richard Barret）是价值型领导的先驱，他认为整体系统变革是企业文化变迁的一部分。[15] 整体系统变革包括三个要点：

a）领导以身作则至关重要。领导必须用行动表明，他们始终将企业愿景、使命、价值观、原则和商定的行为准则放在首位。
例如，领导增加自己的奖金同时削减成本，会向员工传达错误
的信息。

b）价值观和目标必须在所有情况和所有决策（包括招聘决
策）中保持一致。如果可持续性是企业的一个重要价值观，那么
在招聘时，与企业具有相同价值观的候选人必须予以优先考虑。

c）必须有绩效评估措施，以评估和监督组织文化。企业必
须以商业的方式评估个人和集体的价值观及行为。一些企业不
遵守自己制定的规则，往往是因为缺乏跟踪机制。

整体系统变革是一个框架，帮助组织认识到人的价值、需
求和目标。其中的价值观可能包罗万象，比如纯粹地追逐利润，
或者帮助整个人类。在第六次浪潮中，不断进化、和谐且充满
活力的组织文化是重要的竞争优势。

（3）**员工必须知道如何在组织中运用和发展自己的技能。**
企业必须支持员工更愉快、高效地工作。在实践中，这意味着
为员工提供充分的学习机会，让他们清晰地知道如何在自己感
兴趣的专业领域不断提升。现在的员工不再愿意为工作牺牲个
人生活。这就是为什么在许多调查中，"工作与生活的平衡"
是员工最重视的因素之一。我们这个时代的困扰之一是人们在
办公室花费太多时间，讽刺的是，这非但不能提高效率，还会
降低生产力。

那么一个组织的领导应该做些什么呢？首先，所有管理者
都应该花更少的时间来管理，花更多的时间来倾听组织成员的意

见。根据研究此类事务的詹姆斯·库泽斯（James Kouzes）和巴里·波斯纳（Barry Posner）的观点，最容易被忽视的领导职能是"反馈"[16]。由于害怕批评，大多数管理者并不想听取组织成员对自己的看法，因而无法认识到自己的弱点，这对组织极其不利。

聆听组织的声音始终是了解组织最有效的方式。它让管理者能够预测领导方面的问题。一个不畏批评的管理者通过对话获得有价值的信息。根据库泽斯的观点，直属上司的行动是组织动态最明确的指针。这就是在大型企业中，中层管理者的行为比高层管理者的行为更重要的原因。

一个好的组织如何变得卓越？组织不能通过告诉成员"你们必须改变自己的行为"来促成改变，也不能通过培训、指导或改变其结构来实现改变。组织也不能通过避免冲突或者实施看似创新的方案来解决问题。几个华而不实的文化转型计划也无法开启一场变革。

只有组织和领导改变其行为，组织文化才会开始改变。领导和员工都需要改变行为。员工必须独立承担责任。领导应该把重点放在核心职能上，即整体管理和支持员工达成目标。领导必须考虑那些想要获得职业发展的员工的需求。对这类员工的管理必须包括辅导，目的是促进和推动他们进一步成长。

在第六次浪潮中，卓越企业中的员工懂得跨越组织边界、结构和层级进行工作。事实上，他们才是掌握变革的主人，因为他们紧跟经营环境的变化。改变的愿望必须来自组织内部，而不是出于外部压力，例如市场形势。

重新定义战略目标

在第六次浪潮中，企业将重新定义自己的战略目标。企业战略家迈克尔·波特（Michael Porter）认为，未来的资本主义需要把重点放在共有价值观上，即那些对社会和企业同样重要的价值观，而不是只专注于为股东创造价值[17]。换句话说，资本主义企业必须学会在创造利润的同时，通过解决社会问题为社会创造价值。

难怪企业觉得有压力，不得不证明自己在参与解决社会问题，而不是制造问题。尽管过去几年公众对企业的信任度有所提高，但企业还是常常被指责寻求短期利益，忽视最重要的客户需求和长期影响。相应地，公众对政治人士的信任度在降低。[18]无论如何，今天的社会和集体价值观都要比从前更注重企业经营。企业不能在不关心其社会影响的情况下追求股东价值最大化。企业必须证明他们真正关心其活动对社会的影响。而政治人士则需要做出努力，以挽回公众的信任。

组织文化建立在同步价值观和经营模式之上。领导的任务不仅仅是鼓励员工发挥他们的创造力，而且还要用新的方法来帮助员工了解组织的价值观和选择。组织中隐含的原则和惯例体现在组织文件中，个人的信念和偏好则表现在人的思想和行为上。在复杂的经营环境中，价值观尤其重要，因为组织需要可以应用于个别案例的指导原则。

一些公司制定了基于坚实价值观的战略，这样的公司拥有

巨大的竞争优势。在这样的公司中，价值观就像其他流程，与
组织行为一起被衡量、监督和分析。组织文化是宝贵的竞争优势，
因为它不可复制。

总之，在第六次浪潮中，企业和社会面临的挑战在于领导力：
在没有其他选择之前，企业领导必须愿意改变方向。公共部门
的领导必须有能力采取必要措施，建立更适合后工业社会的结
构和商业惯例。政治人士需要有更加强烈的责任感和远见卓识
来引导我们的社会进入新的时代。而普通公民和员工需要勇气
来要求变革。

第六次浪潮要求领导者准备好面对现实。未来数十年，下
放权力和鼓励下属的能力将是成为一名优秀领导的必要条件。

参考文献

[1] *Entrepreneur*. 2016. The Biggest Lesson from Volkswagen: Culture Dictates Behavior. https://www.entrepreneur.com/article/254178.

[2] *Business Week*. 2009. Jack Welch Elaborates: Shareholder Value. Accessed March 8, 2016. https://www.bloomberg.com/news/articles/2009-03-16/jack-welch-elaborates-shareholder-value.

[3] Fox, Justin. 2011. The HBR Interview: "What Is It That Only I Can Do? " *Harvard Business Review*. January-February 2011.

[4] Whyte, William. 1957. *The Organization Man*. New York: Doubleday Anchor Books.

[5] Bauman, Zygmunt. 2000. *The Individualized Society*. Cambridge: Polity Press; Beck, Ulrich & Beck-Gersheim, Elisabeth. 2002. *Individ ualization: Institutionalized Individualism and Its Social and Political Consequences*.

London: Sage Publications; Giddens, Anthony. 1991. *Modernity and Self-Identity.* Cambridge UK: Polity Press.

[6] Laloux, Frederic. 2014. *Reinventing Organizations.* Brussels: Nelson Parker; Kurki, Sofi, Puro, Minna, and Wilenius, Markku. 2016. *Reacting the Future. The New Ways to Work: The Case of Reaktor.* FFRC Publications 6/2016.

[7] World Values Survey. 2016. Data & Documentation. Accessed March 8, 2016. http://www.worldvaluessurvey.org/WVSContents.jsp.

[8] *Forbes.* 2013. Is This The Fastest-Growing Game Company Ever? Accessed March 8, 2016. http://www.forbes.com/sites/karstenstrauss/2013/04/17/is-this-the-fastest-growing-game-company-ever/#2263d78939ea.

[9] The Commonwealth Fund. 2015. Home Care by Self-Governing Nursing Teams: The Netherlands'Buurtzorg Model. http://www.common wealthfund.org/publications/case-studies/2015/may/home-care-nurs ing-tearas-netherlands.

[10] My research group did interviews with Buurtzorg personnel in May 2016.

[11] Nandram, Sharda. 2015. *Organizational Innovation by Integrating Simplification.* Cham, Switzerland: Springer.

[12] Ståhle, Pirjo & Kuosa, Tuomo. 2009. Self-renewal of systems—new understanding of the development of collectives. *Aikuiskasvatus* 2009, 2.

[13] Collins, James. 2011. *Good to Great: Why Some Companies Make the Leap... and Others Don't.* New York: Harper Business.

[14] Bruch, Heike & Vogel, Bernd. 2011. *Fully Charged: How Great Leaders Boost their Organization's Energy and Ignite High Performance.* Boston: Harvard Business Review Press.

[15] Barrett, Richard. 2006. *Value Driven Organisation: A Whole System*

Approach to Cultural Transformation. Amsterdam: Butterworth & Heinemann.

[16] Kouzes, James & Posner, Barry. 2006. *A Leader's Legacy.* San Francisco: Jossey-Bass.

[17] Porter, Michael & Kramer, Mark. 2011. "Creating shared value." *Harvard Business Review.*

[18] Edelman Trust Barometer. 2016. 2016 Edelman Trust Barome- ter. Accessed March 8, 2016. http://www.edelman.com/insights/intellectual-property/2016-edelman-trust-barometer/.

The

sixth

第9章
教育与文化的力量

wave

业社会的建立基于三个因素：（1）机器和自动化使生产力提高；（2）创新催生新的生产和消费领域，以及全新的制造部门；（3）专业化导致更加复杂的分工。所有这些因素都为当前的专业文化奠定了基础。在这样的文化中，人们从教育的早期就开始专注于某些技能和工作职能。

这种进步带来了许多好处。首先是繁荣，最后是个人成为各自领域的专业人士并获得专业认可所带来的满足感。但是，仍然有人质疑专业化在今天的社会中是否已成为一种负担。人们在成长初期专门从事某一领域的研究，工作后进一步精进自己的专长。在工作中，专业人士往往专注于有限的技能，不断深化其专业知识。

随着技术和其他体系变得越来越复杂，人们会认为多掌握几门技能是必要的。这样，人们就能够看到现象之间的相互联系，从整体上系统地看待世界。例如在芬兰，大学帮助国家建设文明社会的理念正是源于这种思想。专业化的问题是，会有越来越多看不见的信息泡沫。

在思考教育改革的时候，我认为应该把重点放在通用能力

或者有助于我们学习其他科目的技能上。未来的教育可以围绕
以下五个主题来开展。

（1）**信息分析与组织：从吸收信息，到能够发现和批判信息，以及识别信息来源**。吸收信息的能力是前提条件。我们应该更加重视搜索信息的方式及标准。数字时代无疑带来了一系列的问题。在这样一个信息爆炸但信息质量大大下降的世界里，甄别信息来源的能力必须得到重视。谷歌和脸书的算法让用户不知不觉靠近与自己观点相同的人、讨论自己熟悉的话题，让我们的世界变得越来越小。在互联网时代，你需要用批判的眼光对待所获得的信息，但即使是在网络世界长大的人也未必能做到这一点。即使是使用高质量的信息，也需要批判思维，考虑信息的局限性。跨越已知和常规，在"边缘地带"找到信息的能力非常重要。例如，艺术和文化的创造者可以成为我们了解下一个经济周期的信息来源，出租车司机也可以。

（2）**学会学习：从记录单独的事实转变为对学习过程达成共识**。各级教育从根本上仍然基于被动接受信息。更主动的集体学习过程要困难得多，因为除了要具备智力技能，还需要社交技能。然而，在教育机构多年的从业经验告诉我，在社会情境中学习，不仅效果更好、更深入，而且人们会更享受学习过程。在自我表达能力的培养上，芬兰的实践要比盎格鲁–撒克逊国家少得多，至少在大学阶段是这样。

我相信，未来集体学习会变得更加普遍。美国教授彼得·圣吉（Peter Senge）创立了一整套集体学习的思想。[1] 未来社交技

能在工作中将变得越来越重要。无论一个人有多么精通他 / 她的专业，如果不具备社交能力，他 / 她的一些技能将无用武之地，还会错失不少机会。

（3）**以解决方案为导向：能够解决问题**。教导学生如何提出正确的问题，如何举一反三、融会贯通，而不是寻找正确答案。有明确领域的教育机构并没有在贯彻这种方法。然而，在将来，整合资源、围绕某种共同利益结成非常规的联盟将变得越来越普遍。日益复杂的社会将越来越需要这种能力。例如，壳牌和绿色和平组织可以合作吗？商业领袖能向管弦乐团的指挥学习什么？

这种观点对于解决重大社会问题尤其有用。例如，解决波罗的海日益严重的环境问题的最好办法是根除营养物质和污染负荷，而不是给盆地充氧。同样，降低失业率最好的方法是创造新的就业机会。

研究气候变化的气象学家、生物学家和社会科学家可以通过相互学习，共同研究气候变化的原因和后果。

现实不会被人造模型和结构所塑造。要解决越来越复杂的社会问题，我们需要同时运用系统的、整体的和批判性的视角。

（4）**发挥创造力：能够在所有思想和行动中产生新的观点**。教育机构和工作场所中的大部分学习反映了工业社会的需求，因此是以重复为基础的。这种形式的学习固然不能被忽视，但寻找新的信息或解决方案变得越来越重要。只有不断学习和系统性地思考，我们才能在各种情况下实施创造性的解决方案。

在实际的工作环境中，这被视为对不确定性的包容：在一个跳槽越来越频繁、对跨专业灵活性要求越来越高的世界中，如何才能生存和发展？永久性职位似乎正在加速消失。[2]

（5）**文化技能：能够在多元文化世界中成长。**由于全球化的深入，世界各国的文化日益混杂。东方文化对西方文化的影响在第六次浪潮中将会加剧。存在了几个世纪的西方霸权将转变为一种新的文化融合。越来越多的职业需要与不同文化的人进行交流。一个人在受教育的过程中越早接触不同的文化，就越能够适应这些文化并在其中茁壮成长。这有助于年轻人在全球事件中形成自己的观点，这种能力在他们未来的工作中至关重要。对年轻人来说，海外学习和生活经历越多越好。

我之所以强调上述五项技能，是因为工作世界和整个环境在发生巨变。非传统的雇用关系变得越来越普遍，人们从一个项目或组织迅速转移到另一个项目或组织。我们需要有灵活性和一双洞察变化的敏锐双眼。当机会来临时，我们必须抓住它。

在教育中，我们应该开发学生天生的好奇心和创造力。参与式的方法能够提高学生的积极性。自然天赋必须得到尊重并给予空间。未来研究专家针对不同的交互需求开发了多种方法。[3]

最后，改进教育系统的核心问题是如何使其以人为中心：将人作为一种精神、物质和社会生物。在第六次浪潮中，更加以人为本的开放式运作模式将取代机械化的、以系统为中心的运作模式。[4]

教育和学习最终是为了使人成熟。人类在这个方面取得了巨大飞跃。教育系统也必须不断更新，以适应新时代的要求。

那么在第六次浪潮中，成熟意味着什么呢？要回答这个问题，我们必须探究文化在新时代的作用和意义。在迄今为止的工业社会中，一个国家的成功离不开自然资源或资本。利用自然资源和资本创造的财富被用于基础设施，如教育系统和军事力量。

然而，情况即将发生巨变。在未来，更有利的做法是投资文化，而不是传统形式的资产。只要社会财富增加，满足基本需求，人们就会自然将兴趣转向文化现象。随着全球化的深入，对不同文化的深层次理解将变得越来越有价值。[5]

文化是一种无形资产，其特殊的魅力会吸引有形资产或资本。未来，人们会越来越注重无形的东西：知识、经验、幸福感、人与自然的关系、平衡的生活等。我认为这与我们价值观的转变有关：人们在寻求与自己最深刻的价值观相一致、强化自己身份、支持自己成长的体验，反过来，这样的体验又会带来更强烈的人性意识和社会归属感。研究人员认为，与自我表达有关的价值观正变得越来越重要（见第 8 章）。[6]

文化通常不被认为是一种投资，而是一种服务。工业涉及投资，文化则关乎我们的体验。大多数欧洲国家的工业基础都与其过去的发展历程有关——建立在金属、化学、森林或电子等行业之上。这对于未来是不够的。除了更精细的服务，各国还需要文化景点来吸引世界各地的目光、游客、企业和财富。未来的欧洲将比今天更加多元化。这可能包括大多数欧洲国家。[7]

有趣的是，历史表明，多元文化政策有助于革新。美国的崛起，以及欧洲在世界权力关系中的崛起，均得益于其文化的异质性。即使在硅谷这样的地方，我们也发现移民的活跃程度是本土美国人的两倍。[8] 革新和复兴需要异质性。

还有一个问题是，什么类型的文化在任何情况下都有吸引力。德国巴伐利亚州首府慕尼黑的情况很有意思。德国人用"笔记本电脑和皮裤"的口号来解释社会保守主义和商业头脑这对不可能的组合如何将巴伐利亚从落后的农村变成高科技州。跨国公司在慕尼黑设立办事处，他们的员工可以体验这里的文化气息：大自然、露天啤酒店和阿尔卑斯山。这是欧洲版的硅谷。这些公司运转良好，很大程度上是因为员工喜欢住在这里。[9]

文化的根基

文化可以被定义为所有人造的事物，包括经济和工业。例如，古代的木材加工技术是我们文化遗产的一部分，得益于这些技术，我们才有了如此多美观实用的产品，很多设计可以追溯到几个世纪以前。木材产品的出口已经有 500 多年的历史。当前，林业面临的困境是数字化带来的冲击。21 世纪，发达国家的工厂纷纷倒闭，工人被遣散。过去，林业只是一个产业，而现在，木材成为一种新奇的元素，加上越来越多的人追求天然材料，人们对"木材文化"突然产生了新的兴趣。例如，木质摩天大楼正在成为一种趋势。[10]

关于数字化对林业等传统工业部门以及人们阅读方式的影响已经有了很多讨论。亚洲文化的兴起所产生的文化效应受到的关注较少，而木材产品受到的关注在 1990 年至 2006 年间增加到了原先的六倍。中国、印度和马来西亚一直很重视木制品，日本与韩国的造纸工业非常发达。在这些国家，上述部门正以每年 6% 的速度增长，而西方国家在为减产而苦恼。

让我们回到文化。宗教是文化的中心。西方文化建立在基督教之上。哥特式时代的教会注重基督教伦理所创造的形象：人类是渺小的，上帝是至高无上、高不可攀的。上帝的现世家园必定是宏伟的——上帝比人大多少，他的家就比人的家大多少。这就是基督教传达的信息：无论人类做什么，最后还是由上帝说了算。

在这一点上，东方与西方有天壤之别。人在东方宗教（无论是佛教、儒教、神道教还是印度教）或东方世界观中的角色与西方有很大不同。天恩并不是最重要的，最重要的是人的行为。人生的指导原则是找到自己的路并走下去。神的作用是支持和引导，人要通过自己的努力过上美好生活并获得幸福。

重新审视今天的组织，我们会发现，无论公司或员工的文化背景如何，到处都遵循同样的指导原则。但这只是表面现象，更深层次的影响和推动力量难以确定。每个组织都有自己的"灵魂"，也可以理解成一种氛围。它很难准确描述，但其影响是明确的。例如，恐惧会迅速改变人们的行为，最终影响公司的业绩。在困难时期，组织中的气氛对决策起着至关重要的作用。

成功更多地取决于公司的内部资源，而不是外部环境。

　　我前面提到，东方文化鼓励审视自己的行为，而不是依靠神的恩典。基督教伦理也传达许多正面的价值观，比如善良，但最终它将一切归于上帝的意志。

　　据估计，到 2060 年，非经合组织国家的产值将占全球 GDP 的 61%。[11] 这一巨大的份额主要由亚洲推动。即使在 21 世纪前 15 年，这种转变也是惊人的。亚洲的经济力量已经非常强大，这是我们能够感觉得到的。这也是 21 世纪全球商品价格空前上涨最重要的原因。文化效应迟早会被注意到，它不亚于经济效应。

　　因此，随着社会进入第六次浪潮，我们可以观察到东西方关系的变化。第六次浪潮的主流文化将更多地融合东西方文化。西方的传统价值观将会被颠覆，而从前较为封闭的东方文化将逐渐开放，接纳西方元素，正如我们在中国和日本所见到的那样。这种新的文化融合方式将激发组织领导模式的新思路。

　　我在跨国公司的工作经历让我相信，新的社会经济时代需要一场以人为本、适度谦卑、以新型领导为核心的哥白尼式的革命。西方商业世界应该从佛教思想中学习，把注意力从"我"和"我们"转移到"他人"——同事、客户和社会。所有这一切都需要一种全新的思维方式。

　　这样的心态讲究"脚踏实地"。一个简单的原则就是证明：利益相关者投入越多，合作成果就越多。我相信这种生活哲学和态度在东方文化中更容易找到，因为这些都是东方文化中重要的价值观。

　　让我们来看看阿肖克·科斯拉（Ashok Khosla）的例子。他是印度人，也是罗马俱乐部前副主席兼联合国环境规划署国际资源小组前署长。他与一个名为"发展途径"（Development Alternatives）的组织合作，通过建立所谓的"社会企业"（其宗旨是为当地社区提供服务，见第 6 章），在印度创造了 300 多万个农业岗位。[12] 他的工作和态度体现了西方文化中所缺失的一切。科斯拉朴实谦逊，但有坚定的意志力。他是智者，但愿意倾听他人的意见。他是领袖，但从不以领袖自居。他是真正的实干家。

　　在德国保险公司安联工作期间，我有幸与法国人类学家和市场战略专家克洛泰尔·拉帕耶（Glotaire Rapaille）合作。他利用自己的人类学专长，开发了一种方法来寻找一个国家或组织的"文化代码"。[13] 当我听到他对人类决策的多层性质以及直觉在其中所起作用的见解时，我对集群行为有了不同的思考。即使他的方法不一定符合所有学术标准，它也为我们提供了有益的参考。

　　拉帕耶在他的研究中发现，北美文化的代码是"年轻"。其中一个方面是接受各种行为模式并支持个人决策。在这一点上，硅谷是整个世界的楷模。每个人都有权追求自己的梦想。那里的人们像年轻人一样，以轻松的方式交流。

文化的根源

　　每一种文化都有它的根源，但也可以说，所有文化都有共同的根源。它们起源于人类诞生之初。在大约 20000 年前的冰河时代，人类生活在小型群体中，为了寻找食物，他们不断迁徙。这些小群体逐渐建立了村庄，然后是城市。后来，巨大的冰块开始融化。大约 12000 年前，气温迅速上升；5000 年后农业盛行。人类开始定居。[14]

著名旅行作家、人类学家和艺术鉴赏家布鲁斯·查特文（Bruce Chatwin）提出了一个关于人类游牧背景的有趣理论，他把这个理论称为"不安定的解剖学"。他的主要观点是，人类有一个内在的文化基因（文化研究者称为"模因"），它促使人类不断迁移，它起源于现代文化出现之前的漫长的人类进化期。城市化减少了这样的迁移。

查特文推断，这种基因促使人们从一个地方搬迁到另一个地方，寻找新的牧场和猎物。因此，人们渴望看见远处的风景，而不是眼前的建筑物墙壁，常年在同一个城市居住、不断重复同样生活的人会有被囚禁的感觉。他们会不明原因地不安。查特文自己也经历过这样的不安。他没有写完他的"游牧论"，但在他的散文和小说中详细讨论了这个话题。[15]

在当前这个十年，城市人口第一次超过农村人口。[16] 如果城市规划忽视人们内心的不安定，那么一定会出问题。在设计开放空间时，我们应该采纳查特文的建议，创造能让人闲庭信步的空间。城市规划还应考虑运筹因素，例如自行车道和步行区，以满足人们不同的出行需求。

随着生活条件的改善，人们会想要在旅行中投入更多的钱，以满足对新体验的需求。我们对创造和创新的渴望也可能源于我们的游牧天性。最好的证明是儿童对玩耍的渴望，这满足了他们四处走动的需求。有趣的是，怀抱中的孩子通常很安静，这可能让他们想起了当年母亲带着孩子四处迁徙的时光。

文化是人类所共有的，它既统一又分离。你可以说世界上有一万种文化，但只有一种文明。在第六次浪潮中，全球化无疑将进一步深入，我们会看到越来越多的文化融合和碰撞。不断扩张的城市提供了聚焦地。这既是威胁，也是机会。欧洲的发展证明，多元文化及其促成的合作可能是和平的最佳保证。

参考文献

[1] Infed. Peter Senge and the learning organization. Accessed January 23, 2017. http://www.infed.org/mobi/peter-senge-and-the-learning-organization/.

[2] Gartner Press Release. Gartner Says Smart Machines Will Have Widespread and Deep Business Impact through 2020. Accessed January 23, 2017. http://www.gartner.com/newsroom/id/2605015.

[3] Heinonen, Sikka & Ruotsalainen, Juho 2013. Futures clinique—method for promoting futures learning and provoking radical futures. *European Journal for Futures Research,* 15 (7), 1-11.

[4] Nyman, Göte. 2015. University-business-government collaboration: From Institutes to Platforms and Ecosystems. *Triple Helix,* 2 (2), 1-20. Nyman, Göte & Wilenius, Markku. 2014. *What Are We Good for? Challenges of Education in Finland.* Report to Sitra.

[5] Wilenius, Markku. 2006. *Towards a Creative Economy: Cultural Competence*

as a Future Resource. Helsinki: Edita.

[6]　World Values Survey. 2016. Data & Documentation. Accessed March 8, 2016. http://www.worldvaluessurvey.org/WVSContents.jsp.

[7]　Collier, Paul. 2013. *Immigration and Multiculturalism in the 21ˢᵗ Century.* Penguin Books.

[8]　Inc. 2015. The Most Entrepreneurial Group in America Wasn't Born in America. http://www.inc.com/magazine/201502/adam-bluestein/the-most-entrepreneurial-group-in-america-wasnt-born-in-america. html.

[9]　Munich ranks high in many city-indexes, see e.g., Fast-Co-Exist. 2012. The Top 10 Smartest European Cities. Accessed September 14, 2016. https://www.fastcoexist.com/1680856/the-top-10-smartest-euro pean-cities.

[10]　WorldBuild365. 2015. 10 of the best wooden skyscrapers.Accessed September 14, 2016. https://www.worldbuild365.com/news/sawxe ob2a/building-architecture/10-of-the-best-wooden-skyscrapers.

[11]　OECD. 2014. Policy challenges for the next 50 years. Accessed March 8, 2016. http://www.oecd.org/economy/lookingto2060.htm.

[12]　Development Alternatives. 2016. Eco-solutions for people and the planet. Accessed March 8, 2016. http://www.devalt.org/.

[13]　Rapaille, Clotaire. 2007. *The Culture Code: An Ingenious Way to Understand Why People Around the World Live and Buy as They Do.* New York: Crown Business.

[14]　Mithen, Steven. 2003. *After the Ice: A Global Human History* 20 000– 5000 BC. London: Orion Books.

[15]　Chatwin, Bruce. 1982. *What Am I Doing Here?* London: Penguin Books.

[16]　United Nations. 2014. World's population increasingly urban with more than half living in urban areas. Accessed March 8, 2016. http://www.un.org/en/development/desa/news/population/world-urbanization-prospects-2014.html.

The

sixth

第10章
意 识 革 命

wave

全球著名的心理学家、"情商之父"丹尼尔·戈尔曼（Daniel Goleman）很好地说明了为什么今天的世界需要专注。[1]这个世界有越来越多扰乱我们注意力的因素。我们操作的电子设备数量不断增加，设备之间的交互渠道也越来越多。除了睡眠，一个人几乎有一半时间思绪飘忽。

我们的环境正在发生变化，这使任何一件事情都变得越来越困难。这在儿童和青少年身上尤其明显。美国年轻人每天发送和接收100多条短信。由于我们关注的重点在不断转移，所以我们永远心不在焉。我在演讲时，经常见到那种"人在心不在"的听众，他们盯着显示屏，目光涣散。

时间的分散利用意味着人们会更注重短期事项，而忽略长期事项。由于各种体验的数量增加，时间似乎过得更快。股东们越来越不耐烦，想要在下个季度之前看到投资回报。网络化的商业模式使各种关系成倍增加，导致我们的注意力进一步分散。

有意思的是，戈尔曼的论文恰恰是这种观点：由于上述原因，一次只专注于一项任务变得越来越难得。专注其实并不难，只需要我们多做一些努力。正念，即只关注自己的意识，是一种正在迅速普及的新的锻炼形式。创业公司聘请教练来帮助员工锻炼他们的思维，进而改善他们的绩效（当然也包括公司的业绩）。

有趣的是，越来越多的人认同"人体是一台精密仪器"。众所周知，我们对意识的运作方式知之甚少，我们的表现能力也远未得到充分利用。威斯康星大学的神经学家、心理学教授理查德·戴维森（Richard Davidson）率先研究了专注和冥想练习及其对我们心智能力的影响。[2]

戴维森认为，专注和冥想练习有两方面的好处：一是提高大脑前庭的专注能力；二是提高我们抵抗干扰的能力。这些练习能提高我们处理信息的能力，让我们在需要关注的时候集中精神。

为什么我们需要集中精神和提高我们的表现能力？当然，我们需要这些能力来获得美好生活，但最重要的是，这些能力帮助我们不断提升自我。众所周知，生活是混乱的，任何目标都不易达成。

如前所述，著名哲学家乔治·亨利克·冯·赖特描述了人与动物之间的区别：动物无法进行以目标为导向的行动，而总是依靠本能。[3]达成目标需要满足几个重要前提：第一，重复和克服先天懒惰或缺乏承诺的毅力；第二，有一个明确的目标——不明确的目标很难实现；第三，目标必须有具体意义，以鼓励参与者付出努力。

在第六次浪潮中，人们越来越关注如何利用自己的内在能力。兰德·卡达斯（Rande Cardas）是世界一流的商学院欧洲工商管理学院（INSEAD）的教授。每次上课之前，他都要求学生练习冥想，以便学生集中注意力并打开思维。[4] 谷歌使用的是陈一鸣（Chade-Meng Tan）开发的一套课程，叫作《探索内在的自我》（*Search Inside Yourself*）。[5] 谷歌的工程师可以花五分之一的工作时间在自己的个人项目上。陈一鸣正是利用这些时间开发了这套课程。现在它被认为是谷歌最重要的内部培训课程，它帮助员工改进工作方式并获得内心的平静。

一项有关"意志力在人类生活中的作用"的心理学研究发现，专注对于我们的自我发展大有裨益。佛罗里达大学的社会心理学家罗伊·鲍迈斯特（Roy Baumeister）是这个研究领域的先驱。他认为，自我控制是幸福和成功的关键。那些将自己的目标内化、有明确世界观的人承受的压力最小，也最有可能实现目标。[6]

重要的是，一个人如何通过仔细选择和倾听内心的声音来应对这个日益复杂的世界。没有简单的解决方案，但研究发现了一些规则。心智能力的发展需要毅力和超越自我的意志。事实上，这是培养任何技能的前提。[7]

世界空前分裂，第六次浪潮中的复杂性对人们掌控自己生活的能力提出了前所未有的挑战。这种影响已经很明显：越来越多的人因为精神问题提前退休。我们唯一能够做的，是加强我们的内在能力，以抵抗冲动和应对混乱。

这听起来像是一次令人兴奋的冒险。鲍迈斯特告诉我们，就在不久前，"内部能量"听起来还像是空洞的废话，他的同事们并没有把他当回事。然而，他通过实验，证明了意志力是存在的，是可以被理解和培养的。

从集体意识到社会意识

究其核心，人类是一种社会生物，具有适应环境的遗传倾向。这种倾向已经发展成了一种安全机制，让我们能够迅速应对新情况。同时，这种适应能力也成为了我们进化的障碍。这是因为新时代要求人们具有社会思维，而不是集体思维。这是什么意思呢？

集体生物按照集体的规则和本能行事，根据集体价值观建立世界观，这与宗教团体的运作方式完全相同。在整个世界的发展历程中，宗教一直盛行：世界上大多数人都信神。然而，在西方国家，特别是北欧国家，宗教的影响力正在减弱。这不是巧合。北欧国家已经进入后集体时代。

罗纳德·英格尔哈特（Ronald Inglehardt）的世界观调查结果显示，自我表达作为一种人生价值观，正变得越来越重要，尤其是在北欧国家。这意味着，传统的集体主义日渐式微，个人主义开始盛行。[8]

同时，人们也开始有意识地积极参与社会活动，即使不是通过传统渠道（信仰宗教或给政党投票）。

在第六次浪潮中，个人希望通过自己有意识的选择成为社会的一员。年轻一代已经在这样做了。我们通过独立思考，而不是学习某种习俗来成为社会人和认识周围世界。只有通过知识和经验的累积，一个人才能站在他人的角度理解世界——无论是理解大自然还是发展中国家的贫困人口。培养这样的社会意识对于人类下个世纪的生存至关重要。

对一个有社会意识的人来说，其生活的动力来自对生命意义和目的的理解。生命的意义必须从内心发掘，因为没有外人可以提供。只有找到生活意义的人才能为社会创造价值。

与此同时，个人可以自由行事——根据自己的判断采取行动，而不是迫于外部压力或强制力。只有自己有权决定自己的世界观。在第六次浪潮中，我们会看到更多这样的人。信息量的增加和价值观的变化造就了新一代的人，他们听从内心的想法，自己决定好恶。

未来几十年，个人将以新的方式面对社会。内部价值观的演变将如何影响外部价值观？我们如何创造条件，让人们在外部世界中积极地表达个人目标？我们如何建立一个为人们生活的各个方面提供支持的社会？

在欧洲，尽管很多事情都已走上正轨且条件优越，但我们离目标仍然很远——从当前的经济危机中就可以看出来。我们似乎还没有能力完全抛弃旧工业时代的结构和制度。我们仍然生活在所谓的"工业昏迷"中，很多欧洲国家不景气的经济就是最好的证明。

我们成功的概率很大，但要走的路也很长。接下来，我们要看看芬兰的未来。

[1] Goleman, Daniel. 2013. *The Hidden Driver of Excellence*. New York: Bloomsbury.

[2] Davidson, Richard. 2012. *The Emotional Life of Your Brain*. New York: Hudson Street Press.

[3] Von Wright, Georg H. 1971. *Explanation and Understanding*. Ithaca: Cornell University Press.

[4] INSEAD. 2014. Why I Brought Meditation into the Classroom. Accessed March 8, 2016. http://knowledge.insead.edu/leadership-organisations/why-i-brought-meditation-into-the-classroom-3132.

[5] *Business Insider*. 2014. Here's What Google Teaches Employees In Its "Search Inside Yourself" Course. Accessed March 8, 2016. http://www.businessinsider. com/search-inside-yourself-googles-life-changing-mindfulness-course-2014-8.

[6] Baumeister, Roy & John Tierney. 2011. *Willpower: Rediscovering the Creates Human Strength*. London: Penguin Books.

[7] Goleman, Daniel. 2013. *The Hidden Driver of Excellence*. New York: Bloomsbury.

[8] World Values Survey. 2016. Data & Documentation. Accessed March 8, 2016. http://www.worldvaluessurvey.org/WVSContents.jsp.

The

sixth

第11章
芬兰的机会

wave

在前面的章节中，我从不同角度探讨了全球变化。现在，我们要来看看在我面前所描述的未来中，芬兰有多少成功的机会？芬兰是否会调整目前的产业结构，以满足全球需求？

我想把芬兰作为案例，分析一个国家如何在变化的浪潮中和全球背景下找到准确的定位。我并不是要把芬兰的情况作为标杆，让其他国家效仿。相反，我认为它是我们这个时代的典型：芬兰如何艰难地跟上变化？当一个国家的优势变成弱点，这个国家会经历怎样的剧变？我对我的国家了如指掌，读者应该会觉得我的分析很有趣。

我的观点是，大的模式和趋势在不同的国家会以不同的方式呈现。芬兰的情况与瑞典、挪威、丹麦、德国、奥地利和荷兰有很多相似之处，而每个国家又有其独特的命运；芬兰与日本以及智利之间也有很多关联和共同点。所以，通过介绍芬兰的情况，我想让读者看到从第五次浪潮到第六次浪潮的过渡多么具有挑战性。

在"二战"后出版的一本书中，时任芬兰总理、后来担任了 25 年总统的乌尔霍·凯科宁（Urho Kekkonen）问道："我们的国家是否有足够合理的结构，使我们能够实现繁荣？"[1]凯科宁给战后芬兰的建议是：利用国家资源来实现共同利益——将北方的大河和水利系统用于能源生产，国家的使命是创造新的产业。由于当时芬兰没有外资，同时又需要进行新的投资，因此国家需要紧缩开支。总的来说，这些都成为了现实。

我们现在所处的情况与当年十分相似。好时光结束了，投资正在减少（见图 11-1）。20 世纪 90 年代初以来，只有少数公司能够成长为主要的商品或服务出口商。根据全球金融危机前的趋势指标，我们的出口量比预期少了 300 亿欧元。当然，这在所谓的可持续性赤字中起了重要作用。

诺基亚手机业务的消亡，森林工业投资的放缓，以及纺织厂的倒闭，都给芬兰带来了严重冲击。过去几十年来唯一重要的投资计划是建设核电厂。这遭到了公民的强烈反对，而且这样的投资未必能收回成本。[2]

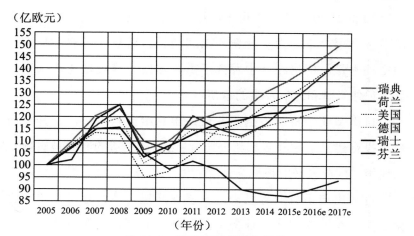

图 11-1　芬兰所需的投资增长

资料来源：芬兰技术产业联合会。

尽管如此，森林工业最近还是采取了一些大胆的举措：芬宝公司（Metsa Fibre）计划在艾内科斯基市建立一个大型纸浆厂。由一群个人投资者创办的 Finnpulp 公司计划在库奥皮奥建立世界上最大的纸浆厂。因此，尽管其他行业和地区仍处于投资低迷状态，芬兰终于看到了投资的复苏。

2030 年的芬兰会是什么样子？它繁荣的源泉是什么？在回答之前，我们先来看一些积极的发展迹象。

诺基亚于 2013 年 11 月召开临时股东大会，会上授权向微软出售手机业务。与会者的平均年龄约 60 岁。与此同时，赫尔辛基主办了第 7 章中提到的全球技术和创业大会 Slush。来自世界各地的企业家、投资者和媒体代表参加了会议，他们的平均年龄为 30 岁。Slush 在欧洲同类活动中规模最大，也最重要，这也使芬兰被公认为"欧洲的硅谷"。

20 世纪 90 年代初期也出现过类似的现象，当时芬兰即将走出经济衰退，正努力实现新的国家增长。诺基亚当然不是唯一的推动力量，但也在其中发挥了重要作用。这就是为什么我们需要记住当时和之后发生的事情。

自诺基亚手机部门倒闭并最终出售给微软以来，诺基亚前员工投资建立了 500 多家新公司。[3] 诺基亚创造的财富被重新投入使用，因此未必能被称为是"老钱"。

自从出售手机业务以来，诺基亚焕然一新。你可以说它丢弃了属于第五次浪潮的业务，正以新的面貌迎接第六次浪潮。诺基亚正在构建新的业务，新业务建立在人们不断增长的联网需求和对更智能的信息传输的需求之上。物联网这一新兴产物也是诺基亚未来的关注重点。[4]

芬兰当前的投资目标是数字技术及其所依托的服务。这个业务领域涌现出越来越多有趣的公司，比如 Reaktor、超级细胞、Futurice 和 Vincit。这些公司不仅有一流的产品，还有创新的企业文化和结构。其中最好的几家创建了自我管理式的无层级组织结构。他们有满意、高效的员工。

Reaktor 是新型创业公司的光辉典范，它通过技术知识、精细化的服务和以人为本的理念创造了卓越的成果。[5] Reaktor 是由几位程序员在千年之交时创立的，他们当时只想创建一个理想的工作环境：以人为本，以客户为中心，提供最好的专业服务。

Reaktor 现在已经发展成为一个拥有 360 多名员工的公司。公司坚持将权力和责任完全下放给员工。工作是与客户合作完成的，这意味着团队大部分时间在客户的地点工作。这确保了客户和产品团队之间的密切沟通，错误能得以快速纠正。这就是所谓的"敏捷软件开发"。[6]

由于 Reaktor 在 2008 年至 2011 年期间太多次获得"芬兰最佳工作场所大奖"，公司决定不再参加"最佳雇主"年度评选。它也是同一时期欧洲三大最佳企业之一。Reaktor 在业内声誉极高，几乎是所有优秀人才的理想雇主。

Reaktor 成功的关键在于放弃了工业式的做法，努力探索更适合服务的做法，同时认真考虑人的需求。Realtor 认为，人的成就感不应该仅仅来自工作。系统、全面地看待组织职能是

一个国际趋势，我们可以认为 Realtor 推动了这一趋势（详见第
8 章）。这种方法创造了许多成功的公司，顾问兼研究员弗雷
德里克·拉卢（Fredrik Laloux）在《重塑组织》（*Reinventing
Organizations*）一书中列举了很多这样的例子。[7]

芬兰的中小企业受困于增长疲软和难以走向世界。[8] 我们需
要新一代的企业家开辟新的职业道路，而不再依附于企业集团。
以创业者的身份创造自己的成功更令人愉快，也更有收获。我
们无法在芬兰模拟加州的气候，但我们有能力重现硅谷的企业
家精神。

纵观未来几十年的全球需求趋势，我们会发现，其中一个
最重要的发展趋势是移动互联网将在全球范围内向所有人开放，
并成为所有人的主要通信手段。有人预测，到 2020 年，移动互
联网用户将从现在的 22 亿增长到 38 亿。[9] 这个数字占全球人口
的一半以上。这种指数式增长对世界的影响远远超过其他任何
进步。所谓的"数字包容"是一个巨大的增长引擎，它将人们
连接到一个共同的网络。芬兰的技术可以在这个基础设施的建
设中发挥重要作用。例如，芬兰 Tecnotree 公司正在为这些市场
创造新的技术和服务模式。

工业的未来

像电子行业一样，在建筑业、包装业和燃料生产行业，用
可再生和可回收材料替代不可再生的材料和能源正在成为新的

要求。芬兰能够对这样的趋势做出什么贡献？我们是否能够找到新的解决方案，使我们摆脱塑料和发泡胶等材料（这些材料使用效率低，浪费严重），以及不必要的包装和笨拙的建筑材料？芬兰的森林行业是否具有足以应对挑战的前瞻性和创新性？

我担心我们会像以往一样遇到广泛的阻力。如果森林工业无法认识到它在即将到来的革命性转变中的角色，那么就无法进行必要的投资。这是一个收入高达 200 亿欧元的行业，[10] 却始终不愿意在研发方面投入资金。艾内科斯基生物制品厂计划大大推动了该行业的投资，新厂的理念是将循环经济的原则应用于工厂的运作。[11] 这意味着在实际操作中，纸浆生产的所有副产品都将用于制造其他生物制品：石油、松节油、木质素产品、薪柴和生物电。近年来，对森林工业的投资或计划投资已达数十亿欧元。一部分投资流入新的森林工业领域，如第二代生物燃料和新型生物材料，还有一部分流入需求越来越强劲的纸浆和纸盒等"老产品"。另外，纸浆厂项目 Finnpulp 如果想在十年内看到收益，将会需要投资 11 亿欧元。[12]

金融危机以来，金属和机械行业经历了一段艰难的时期。2015 年的收入比 2008 年减少 200 亿欧元。而传统产业——森林、金属和化学——仍然是财富来源和出口支柱。到 2030 年，芬兰的这些部门很有可能大幅缩水，因为过去十年蒸发的产值已超过 100 亿欧元。[13]

另外，在技术领域，清洁技术发展迅速。2013 年的收入总计近 260 亿欧元，而 3 年前只有 180 亿欧元。能源效率方面的技术是最成功的，其次是清洁工艺、材料和产品。瑞典是我们的主要市场，接下来是德国和俄罗斯。我们的障碍是缺乏用于销售和营销的公共资金，因为技术发展仍然是融资的主要目的。芬兰清洁技术协会（Cleantech Finland）是芬兰的清洁技术公司网络，其宏伟目标是到 2020 年将收入提高到 500 亿美元。

不考虑芬兰当前与俄罗斯停滞不前的关系，我认为，俄罗斯对芬兰经济的影响必然会扩大。我们应该抓住这个机会，推广我们在清洁技术和教育方面的专有技术。俄罗斯必须走向现代化，我们可以提供帮助。不过，俄罗斯人注重质量，所以我们要想想我们是否能够提供符合他们要求的产品和服务，因为芬兰的客户服务质量还有待提高。

网络游戏行业的成功给许多芬兰人带来了希望。事实上，它只用了 3 年就增长了 10 倍，在 2015 年实现了 24 亿欧元的营业额。背后的一个原因是超级细胞的巨大成功。该公司去年的净利润近 10 亿欧元。[14] 有趣的是，超级细胞首席执行官兼创始人伊卡·帕纳宁（Ilkka Paananen）表示，芬兰的"无废话"文化是他们工作方式的核心。[15] 2016 年 2 月，帕纳宁在发布了公司的辉煌业绩之后表示："这些财务业绩无疑非常漂亮，我们为此感到自豪，但真正重要的是，在秉持我们的创业愿景——以人为本——的同时实现了这些目标。"他补充道："我们相信，如果我们把最优秀的人才聚集在一起，为他们创造最好的环境，加上充足的时间和一点点运气，好游戏就指日可待了。这些游戏将陪伴世界上数百万人很多年。"[16] 看起来，帕纳宁非常擅长释放员工的创造潜力。

　　单靠超级细胞一家公司并不足以将芬兰经济从当前的深渊中解救出来。毕竟公司只有 170 名员工。不过，这类公司的成功不仅仅在于其业绩，还在于新的商业模式、道德规范和组织文化。超级细胞的所有者将其利润投资于芬兰的其他新企业。他们正在为一种新的、更健康的资本主义铺平道路。

　　医疗卫生和健康技术将成为第六次浪潮的重要增长引擎。我们有先进的医疗技术，其中博能（Polar）和松拓（Suunto）等公司已经取得了巨大的成功。许多新兴企业正在蓬勃发展，如赫尔辛基的硅谷瓦利拉地区的新企业，该产业园区于 2014 年年底开放。[17] 从用于制作超级食品的精制浆果，到研发新的诊断设备，芬兰有很多机会。我预测在未来十年内，医疗保健将发展成为全球最大的产业部门。[18]

森林工业的过去和未来

　　芬兰森林工业面临的主要问题是：很长时间以来，市场对造纸和印刷材料的需求持续下滑（主要原因是数字化），各种形式的通信正在加速向互联网转移，不可再生资源的稀缺性带来新的挑战。建筑、家居装饰和包装行业需要开发基于木质纤维的新产品、服务和解决方案。芬兰森林工业一旦找到了应对这一需求的方式，它将成为第六次浪潮中的推动力量，并将木材行业的专有技术带入新的时代。

让我们以史为鉴。同样规模的变革曾发生在 1830 年至 1880
年间的第二个康德拉季耶夫周期。那时欧洲开始迅速工业化。
现代通信也是随着报纸和书籍的传播而出现的。正如第 4 章中
提到的那样，当时，工厂使用破布作为造纸的原材料，由于这
种材料稀缺而昂贵，因此到 21 世纪中叶，造纸业需要一个新的
解决方案。

那些相信新机遇的工程师和实业家是森林行业成功的关
键因素。克努特·弗雷德里克·艾德斯塔姆（Knut Fredrik
Idestam）是芬兰山区的一位年轻的工程师，他在 19 世纪 60 年
代去德国的哈茨考察当地的一家磨木浆厂。在那里，木材被机
械磨碎成木浆，用于生产各种产品。他深受启发，于 1865 年在
坦默科斯基河沿岸建立了芬兰的第一座磨木浆厂，芬兰工业革
命由此进入新阶段。

与此同时，美国、英国和法国的第一批实验室开始用化学
方法生产木浆，这样得到的纤维素比机械纸浆更像破布。这让
塞拉修斯（G.A. Serlachius，他原本是药剂师）这样懂化学的实
业家兴奋不已。

塞拉修斯是森林工业的先驱，他与奥斯龙（Ahlstrom）、古
蔡（Gutzeit）等人一起，以全新的方式将芬兰与全球经济联系
起来。芬兰利用森林、水力发电和铁路，为造纸工业提供原材
料和资源，逐渐成为工业化国家。过渡并不容易，许多人——特
别是利益攸关者——都强烈反对这种变革。这个新的工业部门要
成长和繁荣，需要坚持、顽强、勇气和资本。

　　然而，新的部门还是取得了成功，因为需求非常明显：由于工业化和教育水平的提高，人们对纸张的需求急剧增长。芬兰最终能够成为一个成熟、发达的社会，森林工业功不可没。

　　现在，芬兰需要同样的勇气和"sisu"（芬兰语，意思是"毅力"或"胆量"）。现在是芬兰森林工业重新崛起的时候，只有这样，才能满足人们对商品和原材料急剧增长的需求。世界迫切需要基于纤维技术的新解决方案。我们有 500 年的林业出口历史，我们有很多机会，如下所述：

- 用于建筑、家居装饰和包装行业的新型纤维材料可以替代目前基于矿物质和合成材料的产品。
- 由于木材在健康方面的好处[19] 和它的耐用性，木结构重新兴起，市场正在增长。
- 生物燃料将在一定程度上取代化石燃料，并将在农村地区创造就业机会。
- 几十年前在芬兰发明的木糖醇现已成为世界各地广泛使用的健康的糖替代品，产自果园和森林的浆果同样可以凭借其对健康的益处征服市场。
- 阿尔托（Aalto）和维卡拉（Wirkkala）等芬兰公司已经出口了很长一段时间的生态环保产品。
- 通过营造宁静、优质的自然体验，促进旅游业的发展。

芬兰生物产业的机遇尚不明确，虽然芬兰有一套完善的生物产业战略。从长远来看，我预见这个行业会有巨大潜力。生物产业的黄金时代会发生在第七个康德拉季耶夫周期（2050—

2100 年）。就像第四个康德拉季耶夫周期（1930—1970 年）为信息和通信技术革命奠定基础（见第 3 章）一样，资源节约型技术的进步有望在 21 世纪下半叶为生物材料的普及铺平道路。

在第六次浪潮中，我们针对森林行业面临的大量机遇做了一项研究。[20] 2013 年，我们邀请了 100 多位森林部门的专家、金融界专家和重要的创新人士参加全年的各种研讨会。我们和他们一起寻找问题的答案：森林产业的发展重点应该是什么？

研究项目的出发点如图 11-2 所示：林业部门面临变革压力。在第五次浪潮中，关键技术的数字化给平面媒体市场带来了挑战。由于通信日益数字化，旧林业的传统支柱，尤其是造纸行业，面临越来越严重的问题。需求不断下降，新的竞争者进入市场。

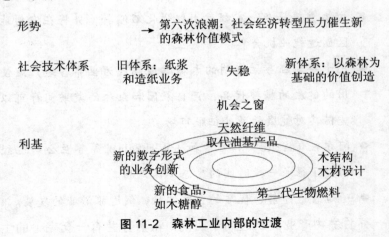

图 11-2　森林工业内部的过渡

森林工业正在经历一场颠覆整个社会的原材料革命：以生物材料为基础的原材料、产品和服务正在加速取代不可再生的原材料。事实上，我坚信在 21 世纪，我们会看到全新的工业产品和消费模式。任何制品的价值都由其质量决定，只有优质，才能保值。有机物质将发挥重要作用。此外，还会有一个由立法和税收支持的全新的运营商和服务提供商网络来推动这一目标。我们现在已经看到了转变的第一个迹象。

自然，过渡很容易，因为我们正处于经济困难时期，对任何新事物的投资都会遭到反对。然而，现在也恰恰是投资全新产品和服务的好时机。例如，芬欧汇川在 2014 年启动了第二代生物柴油工厂项目，投资 2 亿欧元，使用木屑作为原材料。本章前面提到，林业部门还有其他项目正在进行。

我们确实需要新的项目，因为芬兰应该快速转向生物经济，或者让天然纤维和回收利用在经济中发挥更重要的作用。根据芬兰生物产业战略，芬兰将在生物经济方面发挥先锋作用。目标是到 2025 年以前，将生物产业的收入从 600 亿欧元增加至 1000 亿欧元，同时创造 10 万个新的就业机会。[21] 只有创造新的增值产品和服务，这一目标才可能实现。

生物经济的进步对其他部门也有影响。化学工业尤其重要，因为许多新生物制品的制造工艺都与化学创新有关。当然，这不是什么新鲜事。芬兰森林工业的诞生和成长一直依赖化学工艺的使用。例如，各种"智能纸"材料体现了 ICT 与森林工业的共生关系。

要推动生物经济的发展，该部门必须能吸引后面的世代。当阿尔托大学将其计划从"木材加工"转变为"生物技术"之后，学生们对森林工业的兴趣不断增长。我们应当吸引新的投资者进入生物技术领域，就像在其他常规技术领域一样。Cleantech Invest 和 VNT Management 两家公司已经开始投资新能源技术，但生物技术领域还没有投资者。该部门发展所需的风险资本严重缺失。

重要的是，产业进步必须带来积极的改变，比如改善就业、推动经济增长和可持续发展等。我们要摒弃"环保是工业发展的负担"这一旧观念。随着经济和就业获得新的基础，生物经济的发展将成为更加可持续的商业模式的一个典范。

森林休闲正在普及。旅游业是金融危机期间少数保持增长的行业之一：2007—2013 年，旅游业增长 31%，并继续稳定增长。[22] 越来越多的游客前往芬兰体验真正的原始森林。我们应该以更加多样化的方式推广我们丰富的旅游资源和优美的自然风光。例如，日本人很喜欢到芬兰旅游，因为他们像芬兰人一样热爱大自然。近年来，到芬兰观光的游客不断增加，其中一个原因是芬兰相对接近亚洲，亚洲有直飞赫尔辛基的航班。近年来，德国人对大自然有了更多的兴趣。例如，殡葬服务公司提供林中墓地。调查显示，五分之三的德国人希望死后被葬在森林中。[23]

健康与对大自然的深刻理解有关。我说过，早在 20 世纪 70 年代，芬兰就在宣传木糖醇对健康和防止龋齿的好处。芬兰也一直在研究野生浆果的保健作用。[24] 自然旅游在芬兰已经发展多年。旅游业是金融危机期间少数保持增长的行业之一：2007 年至 2013 年，旅游业增长 31%，并继续稳定增长。20 世纪 90 年代，芬兰大力推行木质建筑，同时期的瑞典也有相应的举措，但木质建筑在芬兰的发展远不及瑞典。芬兰人将此归咎于政府和建筑师。相比中欧国家，芬兰的木质建筑并不发达——大多是独立的家庭住宅和度假屋，而没有公寓或公共建筑。当前，木质建筑热潮席卷全球，芬兰应当充分利用其数百年的技术积淀，谋求发展。

事实上，我们已经看到了一些迹象。芬兰建筑师马可·卡萨格兰德（Marco Casagrande）设计的"Paracity"木质模块化建筑正在中国台湾兴建。[25] 竣工后，它将成为世界上最大的木质结构。每一层的压木框架模块高度、宽度和长度均为 6 米。整个"Paracity"的理念是：帮助发展可持续的城市建筑，同时发挥其他作用，比如将废水转化成饮用水。这是模块化和灵活性的绝佳典范，也是第六次浪潮的重要原则。

另一个原则是"让绿化达到新的高度"。在未来的建筑中，屋顶和墙体将被植物广泛覆盖，这样的设计有很多好处：舒适、改善空气质量。人们可以在小花园中种植花草，绿色的茅草式屋顶还可收集雨水。[26]

这样做的目的是将有机物质引入城市环境。因为我碰巧拿过"园艺师"的职业学位，因此我非常欢迎这一最新趋势，它体现了我们对健康的整体理解。

一个很容易得出的结论是：通过研究和开发，我们将在未来几年收集到大量有关健康效益的信息，这些效益来自大自然的馈赠，我们只需要体验即可获得。众所周知，远足和亲近自然能让人更加愉快，更加有活力。[27]

新的产品和服务需要新的基础设施。消费者无法轻松获得的产品很难被销售出去。例如，要放弃使用化石燃料，我们需要建立电动车辆分销网络。生物燃料的分销已经有了相对完善的系统。大公司难以提高响应速度。新千年伊始，由于变革缓慢，芬兰森林工业付出了惨重代价。当时，尽管有迹象显示造纸和纸浆行业的黄金时代已经过去，市场开始萎缩，但芬兰林业部门仍然对上述行业投入巨资。由于投资失误，行业竞争优势遭到重挫。

只有通过投资产品开发、使服务更加精细化以及加大合作，上述行业才可能实现复兴。芬宝公司在艾内科斯基市新建的生物制品厂注定不会只生产纸浆，而是会建立一个广泛的生物材料和产品网络，比如生物油和生物乙醇。然而，项目中关于新产品开发的议程并不多。

我相信，生物经济的兴起将带来一些有趣的改变。到2050年第六次浪潮结束时，物质资源将通过比现在更加智慧、更加高效的方式被利用。到21世纪末，那时的人们会惊讶于我们现在对资源的浪费和对自然的破坏，这些在未来人眼中不可能的事在当下竟然是被允许的。第七次浪潮将彻底改变我们的物质经济，但在那之前，我们需要一场能源革命，并转变第六次浪潮中的工业化思维。

芬兰的未来——能源

快速的工业化、企业利益和能源稀缺引导着芬兰的能源政治。这些能源政治有一个目标：为能源密集型公司生产尽可能便宜的产品。过去，由于工业扩张和能源使用量的增加，这样的做法是合理的，但现在情况不同了。

"能源政治通过创造有吸引力的国内市场推动芬兰新技术的发展"这样的想法一直被人们忽视。同样，"通过在国内生产可再生能源创造持久的就业机会"这样的建议也未得到足够的重视。我们在走一条稳妥可靠的路。

在未来几十年，可再生能源的使用无疑会增长，它不同于工业化世界的其他任何东西。一方面，可再生能源价格降低；另一方面，核能和化石燃料成本上升。两个因素使得对可再生能源的投资越来越重要。那些认识到这一重要性并率先开发可再生能源的国家将在（继蒸汽动力和矿物燃料之后的）第三次能源革命中占据优势地位。可再生能源革命将是第六次浪潮中最重大的变革之一。

芬兰目前的情况令人费解。芬兰是世界上人均能源消费量最高的国家之一。[28] 2012 年，我们消耗了价值 850 亿欧元的进口化石燃料产品。[29] 我们是唯一计划建造更多核电站的西方国家。与此同时，自 2006 年以来，我们的能源消费总量一直在下降。[30] 我们的经济出现问题，是因为传统的增长领域（森林、金属、电子等行业）在萎缩。这些行业所需的大部分能源可以在国内生产。

鉴于这些情况，芬兰选择了一条不同于其他类似国家（如德国、奥地利、丹麦和瑞典）的道路：坚持不懈地将能源政治与国家发展、劳动政治捆绑在一起。芬兰的数据看起来还算体面：约三分之一的能源是用可再生资源生产的。在很大程度上，这要归功于芬兰长期存在的旧传统：从木材中开发能源。传统的芬兰能源是来自森林工厂、木材燃烧和水电行业的工业废污泥。所有其他可再生能源都没有受到太多关注。

芬兰的处境与其他国家不同。我们的经济依然高度依赖能源。我们是贸易逆差国，而其他国家通常存在贸易顺差。尽管长期以来芬兰的可再生能源比例较高，但 2000 年以来几乎没有改观，相比之下，其他国家正在赶超我们。

过去几十年，芬兰的能源政策在许多方面一直停滞不前：能源被纯粹视为一种成本，其社会危害或潜在机会没有得到重视。这是短视的，因为我们已经进入第六次浪潮，同时正处于重大变革的风口。

这次变革最重要的杠杆来自这样一个事实：无论以怎样的方式衡量，化石燃料和核能都是不可持续的解决方案。尽管如此，芬兰的能源生产还是依赖于这些来源。我所在的教授专家小组对能源政策展开过一次调查。调查显示，到 2050 年，国内能源生产和不断提高的能源利用效率将创造多达 5 万个新的就业机会。随着相关业务的增加，这个数字还将上涨。[31]

人口数量与芬兰大致相同的丹麦，几年前就决定用风能取代煤炭并制定了相应的举措。现在这个行业有 240 家企业、

29000 名从业人员，能源产量占全国总量的四分之一。丹麦计划到 2030 年摆脱煤炭依赖，到 2050 年彻底摆脱化石燃料依赖。丹麦的风车非但没有引起民众的反对，反而深得人心，因为它们为农村地区带来了急需的工作。[32]

德国则自成一派。德国的能源转型是我们这个时代最重要的工业社会举措之一。它使德国成为清洁能源的先驱，是一项重大投资，大大提高了社会的资源生产力。例如，德国计划在十年内减少 20% 的能源消耗。放弃核电、为可再生能源创造条件是一项长期的投资。不过，德国已经看到了一些成功的迹象：一个新的出口行业以及 40 多万个新的就业机会。能源转型的战略目标是在 2030 年以前减少 1800 亿欧元国债。德国四分之一的电力由可再生资源生产，能源供应充足，核能占比下降到 16%。不可否认，在能源转型的这个阶段，能源价格很高，但我相信从长远来看，回报将是巨大的。芬兰非常需要这样的开拓精神，即使是小因素也可以发挥大作用。

我们应该快速转变能源政策的方向，这需要我们开发可再生的自然资源，如生物能源，以及风能、太阳能、地热能、水能、波浪能等非生物能源。世界上最甜的草莓生长在芬兰，因为这里的夏天日照时间非常长。芬兰南部阳光充足，就像德国中部。2014 年夏季，德国太阳能发电量占到全国发电总量的一半。而在芬兰，这个数字仅为千分之一。

未来，能源独立将成为国家安全问题。继续依赖某个超级大国供应能源将是最糟糕的选择。除了增加我们的能源独立性，我们还应该增加与其他北欧国家的合作。挪威生产的可再生能源远远超出其需求。芬兰应该效仿丹麦，从挪威购买电力。我们还应该投资智能电网。冗余的法规和官僚制度应该被废止，因为它们已成为风电扩张的主要瓶颈。

第六次浪潮中的智能能源政策不仅由直接投资驱动，更重要的因素是国家是否能将新能源作为其技术和创新政策的一部分。这需要我们制定新的政府采购政策、通过创新方式增加合作和竞争、设定可再生能源配额，以及拍卖等。关键在于我们如何利用现有资源，而不是创造新的资源。

芬兰的崛起需要哪些条件？

自金融危机以来，芬兰经济以惊人的速度回落。与瑞典、荷兰、德国和瑞士等国家不同，芬兰似乎还没有从经济震荡中恢复过来。到 2017 年年初仍然如此，部分原因是全球各个行业的竞争加剧，这主要是由于亚洲，特别是中国的经济实力跃居世界前列。[33]

芬兰当前的困境在很大程度上要归咎于其近代史。各种数据显示，芬兰在第五次浪潮（1970—2010 年）中取得了非凡的成就。从 20 世纪 90 年代初的深度衰退中恢复后，在诺基亚等企业的助力下，芬兰于 20 世纪 90 年代末开始蓬勃发展。然而，从 21 世纪初开始，芬兰的麻烦接踵而至。首先是森林工业和电信公司 Sonera 的大规模投资失误。此后不久，诺基亚失去其领先的市场地位——尽管此后数年一直保持盈利。在这 20 年中，芬兰没有出现新的工业旗舰，但像通力电梯公司（KONE）这样的老牌企业运转良好。总的来说，金融危机之前，一切还算顺利，但之后，芬兰的竞争优势一落千丈。2017 年年初，芬兰仍然在努力摆脱经济衰退，力图回到正轨。

要在第六次浪潮中乘势而上，芬兰需要大规模转变其工业结构（见图 11-3）。遗憾的是，我们尚未看到任何转变的迹象。芬兰仍然在使用前一次浪潮中的解决方案，比如计划建设更多的核电站，而我们现在真正应该做的是为新能源技术创造国内市场。

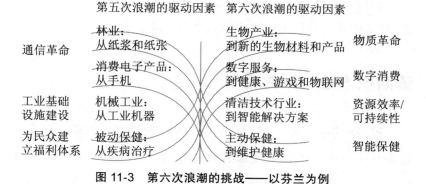

图 11-3　第六次浪潮的挑战——以芬兰为例

图 11-3 中的图表说明了芬兰的情况。就森林工业而言，芬兰应该把重点放在新材料和解决方案的开发上，将智能系统与生物材料结合起来。因此，企业应该开发有助于芬兰从不可再生和稀缺原材料转向可再生资源的新产品和新服务。数字消费的重心则将从手机转向游戏和体验。

我们必须认识到，未来几十年，通信革命将席卷发展中国家，为人们创造享受各种服务的机会。数字服务也将快速发展，为许多传统领域提供优质和智能的解决方案。在医疗保健方面，新颖有趣的产品和服务将与技术相结合，积极支持和维护健康。传统的机械行业可能会陷入危机，但顶尖企业仍然能够在第六次浪潮中，通过更具资源效率的智能解决方案创造竞争优势。

芬兰正处在一个艰难的转折点。我们必须去除过时的工业产能，同时为成长中的市场开发新的专有技术。我们要思考的问题包括：是否有足够多的企业愿意投资这个新领域，是否有足够的政治勇气来改革我们的法律和税收结构，以及是否能迫使公共部门支持转型。无端的薪资上涨和增加的开支使我们 2007 至 2012 年间（与德国相比）的竞争力下降了 35%。

清洁技术是未来的希望

过去十年间，帮助我们提高能源和原材料利用效率，为我们带来基于可再生资源的能源解决方案的新技术开始走向全球市场。[34] 清洁技术市场从 2007 年开始增长，年增长率超过 10%。到 2025 年，清洁技术市场的规模有望增加到现在的两倍，达到 2 万亿欧元。[35] 欧盟委员会的宏伟计划是建立覆盖整个欧洲经济区的循环经济。届时，材料和物流将得到优化，以支持可持续增长。[36] 目前，委员会正在制订发展计划来推进这一想法。

在循环经济中，很多废弃物将被回收利用，在一些行业中，所有废弃物都将被回收。如果这一构想成为现实，那么欧洲将建成一个内部市场，在这个市场中，企业为全球市场开发产品。在欧洲的所有地区，新的工作机会将会自动涌现。

我们这个时代所面临的所有大问题——气候变化、人口密集地区淡水枯竭、森林退化、鱼类减少、污染加剧——都需要我们采取激进的行动。尽管亚洲是清洁技术发展最快的地区，但芬兰可以利用其独特的优势在欧洲谱写新的成功故事。

2010 年，可再生能源占全球能源消费的 16.7%，其中一半来自水力发电、地热、太阳能和风力发电，另一半是生物能。从全球来看，2011 年，各国对可再生能源的投资增长至 3000 亿美元。到 2013 年，这一数字缩减至 2500 亿美元，主要原因是技术成本下降，以及欧洲和美国市场需求萎缩。2016 年，2870 亿美元被用于清洁电力系统。[37]

总而言之，市场前景十分乐观。可再生能源的价格连续数十年下降，几乎能够与价格不稳定的传统能源竞争。竞争也趋于白热化，政治风向的转移可能会从根本上影响市场机制。可再生能源市场越来越稳固，尤其是在发展中国家，这是因为结构多样的能源系统降低了分销成本，其中的关系就像当年的移动网络和有线电话网络。

欧盟坚定致力于使用可再生资源生产燃料，其目标是到 2030 年，使可再生资源生产的燃料数量占能源消耗的四分之一。

在第六次浪潮中，我们应该完全摆脱化石燃料，防止人为造成的气候变化发展到不可承受的地步。剩下的大部分化石燃料应该留在地下。如果我们不阻止气候变化，整个地球将长期处于不可居住的状态。根据斯坦福大学的计算，如果气候继续恶化，地球的平均温度将上升 16℃，南北两极的温度将上升 30℃左右，这将使世界上绝大部分地区的人无法生存。[38] 由于大部分不可再生的化石燃料以煤炭和非传统页岩油、页岩气的形式存在，因此，我们应该尽可能少地开发这些能源。

欧洲可再生能源理事会（EUREC）制订了一项计划：利用可再生资源生产所有能源。这需要 2.8 万亿欧元的投资，并将为欧洲创造其迫切需要的竞争优势和就业机会。如此大规模的投资将通过避免碳排放和化石燃料的使用，同时创造价值 2 万亿欧元的能源和 600 多万个就业机会获得巨大回报。[39]

欧洲可再生能源理事会的蓝图无疑是宏伟的，它需要政治决策者的勇气。另一方面，德国已经经历了能源转型，积极成果有目共睹。提高能源效率的技术是芬兰的传统优势。该领域的企业正在成长壮大和创造新的就业岗位，它们是停滞不前的经济中的亮点。[40]芬兰应该把重点放在以消费者为导向的服务上，因为它们会是未来增长最快的领域。然而现实是，芬兰在这个方面严重滞后。

欧洲应该切实抓住机遇，创造能够延续到下个世纪的竞争优势。在思考欧洲目前的地位及其与俄罗斯的关系时，我们应该尤其强调能源自给的重要性。大部分联盟成员国一半以上的能源消费依靠进口，对石油、天然气和铀的进口依存度分别高达 90%、62% 和 90%。由于资源枯竭，欧洲的化石燃料产量缩减，上述能源的进口量持续增长。然而，不断增加的可再生能源比重带来了稳定。[41]

现在是欧洲重新找回自我的时候了。通过投资可持续性和竞争力更强的能源，以及能够提高能源利用效率和节约资源的技术，欧洲应该可以找回失去的竞争力。这需要欧洲对这些领域的研发项目进行投资。研究计划"地平线 2020"（Horizon 2020）[42]所规划的 800 亿欧元的投资加上私人投资可以实现这一转变。

欧洲已经具备了加快这些领域发展所需的条件：欧盟是可再生能源开发方面的领导者。即便如此，全球的风能发电量中有近一半（44%）来自中国。近年来，增长最快的可再生能源是用太阳能电池板捕获的太阳能，它也是 2011 年增幅最大的能源生产领域。即使"将欧洲建成可再生能源中心"的宏伟目标尚未达成，著名经济新闻机构彭博社预测，到 2030 年，可再生能源产能的市场价值将翻一番，达到 4600 亿欧元。[43] 这些预测甚至没有考虑更高的能源效率和智能电力系统的影响。

除了能源，人类赖以生存的另一个重要资源是水。水正变得稀缺：100 年来，淡水用量增加到了原先的 7 倍。现在淡水只占地球上所有水资源的 3%。根据目前的使用量和剩余储量，我们可以预测，到 2030 年，全球有一半的人口将遭受缺水的困境。[44]如果目前的趋势继续下去，需求量将比供给量高出 40%。这意味着水净化技术和相关的消费者服务市场将会增长（详见第 4 章）。

从整体来看，芬兰的清洁技术市场已经十分成熟并有可能进一步繁荣。如前所述，芬兰清洁技术领域的收入现已超过 250 亿欧元，远远高于森林工业，且保持每年 10% 以上的增长速度。[45]

该部门现有 5 万名从业人员。2000 年以来，芬兰有 10 万人失业，该部门可以解决其中很多人的就业问题。变革需要强有力的政治意愿和解决目前制度缺陷的能力。当然，投资意愿也是一个先决条件。

金融业的未来

如前所述，芬兰有几个行业有增长潜力：以林业专有技术为依托的生物产业，衍生自电子行业并逐渐成长起来的数字商务、清洁技术、可再生能源、医疗技术以及服务部门。上述行业的发展对于正在筹集资金的新兴企业尤其重要。

金融部门是经济和社会的循环系统。传统上，资金来自银行和投资公司。一些机构专门投资起步阶段的公司，如天使投资者和风险投资家，这样的机构数目不多，但是在增长。这是不断变化的融资结构的主要趋势之一：参与者越来越多，结构越来越分裂。

考虑到社会需求，很显然，企业雇用的人会越来越少。过去十年的统计数据显示，在芬兰，大型企业的雇员人数正在减少，中小企业的雇员人数在增加：过去 10 年雇用了 8 万人。大多数新工作都是由服务部门创造的，而服务部门大部分是小型企业。

中小企业将继续扩张，而公共部门需要减少员工数量。[46] 大公司会继续关闭在芬兰的业务。芬兰要在未来取得成功，必须为中小企业创造良好的经营条件。这并不容易，因为我们的结构主要是为支持大公司而设计的。

我们需要大量的小型企业来提供新的就业机会。从建筑业到各类服务业，我们需要一个把小型企业放在强势地位的基础设施，尤其是与工业时代创立的企业相比。

但是，芬兰的金融结构能否适应新的增长领域呢？毕竟，它倾向于支持富有的大型企业。芬兰金融部门似乎需要应对以下情况[47]。

（1）受金融危机影响，行业过度监管。由于更加可预测的回报，我们不稳定的税收政策正在将财富送到卢森堡和其他避税天堂。我们的政府和税收政策是关键，决策必须是战略性的和一致的。我们的法规应该变得更简单、更直接。我们不应该创建太复杂的系统。预见社会变化和需求至关重要。当前，我们应调动社会和所有可用的手段来支持明智的投资，这反过来将为整个社会创造效益。

（2）企业需要长期的、系统化的远见和决策。同时，企业必须足够敏捷，以抓住机遇。最优的举措能够同时调动开发者、最终用户和投资者。

金融部门和社会如果采取整体方法，整合不同的部门，将能够共同进步。我们如何能让国内资金在芬兰流通，而不是眼睁睁看着它离开这个国家？如何让发明（芬兰人非常擅长发明）和创新受到重视，从而能够进一步发展？我是一个基金会的主席，该基金会主要为各类发明提供资助，所以我见证了全国各地的各种创意和发明。

（3）金融部门必须了解，经营环境发生了变化。全新的融资结构正在通过众筹和建立公共结构来发展进化。新结构跳脱了现有的金融机构。金融机构是否能很好地回应"中小企业发展迅速且新的生产方式越来越普遍地出现在中小企业里"这一事实？很明显，如果没有金融部门的支持，新的增长很难在芬兰维系。即使是无法提供抵押品的新奇产品生产企业也需要风险资金。

（4）芬兰未来的成功在很大程度上取决于不同的参与者是否能够相互衔接、建立网络和共同成长。因此，那些愿意投资开发新业务的金融家至关重要。我们需要公共部门、研究机构和企业之间的深入合作。"生态系统思维"（企业从相互依赖中吸取力量）是关键。这一直是硅谷成功的主要因素。[48]

尽管芬兰社会秩序良好，腐败问题不严重，但目前的形势似乎并不理想。芬兰的企业家越来越不满意日益盛行的官僚主义：它扼杀企业，提高招聘员工的门槛。

（5）看上去芬兰企业最重要的瓶颈是融资问题。但真正的问题在于，在创造新的创新产品之前，必须丢弃旧的工业内核。没有人真的敢于投资产品开发和新事物，这意味着新产品很难被开发，即使开发出来，也很难通过测试。

芬兰要如何继续走新经济的道路？我们可以从研究资料中得出以下结论[49]：

我们必须全面地分析芬兰的金融结构。融资必须有新的立法来支持，同时放宽对新型融资（如众筹）的限制。

必须推动财富的代际传承。当前高额的遗产税使家族产业难以传承，尤其是如果该企业的债务无法通过出售部分继承资产来偿还。芬兰应该效仿瑞典和挪威的做法，废除遗产税，让家族企业能够延续和发展。

我们还应该鼓励大型企业传播他们无法继续推进的创新理念。硅谷有几个这样的"创意池"，用于交易未被开发或未被商业化和产品化的发明。越来越多的企业正在加入这样的交易，比如高智公司（Intellectual Ventures）。[50]此外，我们应该鼓励实验，寻找适合后工业时代的芬兰的商业模式。我们还需要制订一个法律框架来支持更激进的实验。

最根本的问题似乎是金融部门的保守主义。[51]金融部门以产品为中心，而在其他消费部门，客户对产品拥有更多的发言权，与客户互动被认为是天经地义的。根据一项由金融部门做的研究，当前最大的挑战是找到更加以客户为中心的商业模式。此外，作为经济至关重要但非常保守的一部分，金融业面临的一个严峻挑战是：改变旧的思维和行为方式，成为第六次浪潮的真正参与者。[52]

价值观的问题

说到底，社会和经济必须考虑人的价值观：社会建立在怎样的价值观之上，以及社会价值观如何体现个人的价值观？[53]

一项有关芬兰人的个人价值观的研究发现，在社会中渗透最深的现象是官僚主义。从研究结果中可以看出，越来越复杂的社会扼杀了公民的活动和倡议，让人们感到失望。法规、法律和层级与日俱增，不是来自政府，就是来自欧盟。日益增长的复杂性已经成为今天的现实。历史表明，当社会复杂性超过一定限度时，社会就会崩溃，这曾经发生在罗马帝国。我们能否在优化人际互动的基础上建立自己的社会？

乌托邦社会的理念并不新鲜。早在 19 世纪初，亨利·圣西门（Henri de Saint-Simon），夏尔·傅里叶（Charles Fournier）和罗伯特·欧文（Robert Owen）就提出了在平等和公有制的基础上建立社会的主张。这些运动是合作社的前身，它们为有组织的生产和消费奠定了基础。

乌托邦主义者的理念与人们今天的追求一样：找到符合古老价值观（尊重他人、倡导平等）的工作和生活方式。也许我们可以慢慢学会更好地理解人们的动机和需求，从而提高组织的效率。领导者最重要的职责是释放人的潜能，帮助人们提升能力——不仅仅作为员工，也作为人本身。

我们在研究后工业国家及其商业部门时发现，最重要的价值似乎是自由和与之相关的责任。赋予人们充分的自由、尽可能减少层级，是获得想法和成果的最佳途径。再加上责任，就构成了未来社会的规则。

芬兰的情况描绘了一幅处于过渡期的国家的图景。当我们进入第六次浪潮时，所有国家都会面对挑战。例如，亚洲的许多国家将跳过欧洲经历过的一两个阶段。它们将直接进入一个新的模式，充分利用基于网络而非集中管理的工业结构的新技术和新思维。在印度，中国投资者对那些提供移动钱包的公司投资热情很高。在总理纳伦德拉·莫迪（Narendra Modi）的领导下，印度目前正在开发大型太阳能方案。[54] 2016 年夏天，韩国宣布在 2020 年以前投资 360 亿美元，用于发展可再生能源。[55] 巴西拥有世界上增长最快的太阳能市场。智利是南美洲可再生能源的最新枢纽，其公私合作伙伴关系（PPP）带来了近 100 亿美元的投资。[56] 在南非，可再生能源领域在 2014—2015 年增加了 300%。[57]

  所有这些技术都在快速发展，它们不需要大规模的投资，它们让人们能够通过互联网完成工作和彼此沟通。到 2020 年，移动互联网有望覆盖全球人口。[58] 所有这一切都将大大提高全球的资源利用效率。新技术将帮助人们更好地利用现有资源，无论他们生活在世界的哪一个角落。我们的地球将为人们提供更平等的机会，让他们能够体面地生活。但是，在这一切成为现实之前，我们需要解决我们最棘手的问题。也是下一章的主题。

参考文献

[1] Kekkonen, Urho. 1952. *Does Our Country Have the Patience to Prosper?* Helsinki: Otava.

[2] Auffermann, Burkhard, Suomela, Pertti, Kaivo-oja, Jari, Vehmas, Jarmo, and Luukkanen, Jyrki. 2015. A final solution for a big challenge: The governance of nuclear waste disposal in Finland. In: Brunnengräber, A., Nucci, M. R., Isodoro A. Losada, M., Mez, L., and Schreurs, M. (Eds.). *Nuclear Waste Governance. An International Comparison.* Berlin:

Springer-Verlag.

[3] http://www.kauppalehti.fi/uutiset/entiset-nokialaiset-perustaneet-yli-500-yritysta/iZawYrhj.

[4] *Computerworld.* 2016. Nokia has high hopes for its its new IoT platform. Accessed September 13, 2016. http://www.computerworld. com/ article/3083318/internet-of-things/nokia-has-high-hopes-for-its- its-new-iot-platform.html.

[5] Reaktor. 2016. Accessed September 13, 2016. https://reaktor.com/.

[6] Kurki, Sofi, Puro, Minna, and Wilenius, Markku. 2016. *Re-acting the Future. The New Ways to Work: The Case of Reaktor.* FFRC Publications 6/2016.

[7] Laloux, Frederic. 2014. *Reinventing Organizations.* Brussels: Nelson Parker.

[8] Global Entrepreneurship Monitor (GEM). 2016. Country profile: Finland. Accessed March 8, 2016. http://www.gemconsortium.org/country-profile/61.

[9] GSM Association (GSMA). 2016. Half of the World's Population Connected to the Mobile Internet by 2020, According to New GSMA Figures. Accessed March 8, 2016. http://www.gsma.com/newsroom/press-release/half-worlds-population-connected-mobile-internet-2020- according-gsma/.

[10] Finnish Forest Industries. The Finnish forest industry in figuers. 2016. Accessed September 3, 2016. http://www.forestindustries.fi/statistics/The-Finnish-forest-industry-in-figures-1274.html.

[11] Metsä Group. 2016. The Next generation bioproduct mill. Accessed September 3, 2016. http://bioproductmill.com/.

[12] Finnpulp. 2016. Finnpulp — The most efficient softwood pulp mill to Kuopio, Finland. Accessed September 3, 2016. http://www.finnpulp. fi/index-en.html.

[13] *Helsinki Times*. 2015. Finnish economy is still paralysed. Accessed September 13, 2016. http://www.helsinkitimes.fi/finland/finland- news/domestic/13657-finnish-economy-is-still-paralysed.html.

[14] *VentureBeat*. 2016. With just 3 games, Supercell made $924M in profits on $2.3B in revenue in 2015. Accessed September 13, 2016. http://venturebeat. com/2016/03/09/with-just-3-games-supercell-made-924m-in-profits-on-2-3b-in-revenue-in-2015/.

[15] *South China Morning Post*. 2015. Six reasons for Finland's record start-up success: Clash of Clans maker Supercell reveals all. Accessed March 8, 2016. http://www.scmp.com/tech/start-ups/article/1877779/six-reasons-finlands-record-start-success-clash-clans-maker-supercell.

[16] *VentureBeat*. 2016. With just 3 games, Supercell made $924M in profits on $2.3B in revenue in 2015. Accessed September 13, 2016. http://venturebeat.com/2016/03/09/with-just-3-games-supercell-made-924m-in-profits-on-2-3b-in-revenue-in-2015/.

[17] *Brand New Helsinki*. 2015. Silicon Vallila — A Global Contender in the Field of Health Technology. Accessed March 8, 2016. http://brandnewhelsinki.fi/en/silicon-vallila-a-global-contender-in-the-field- of-health-technology/.

[18] Global Wellness Institute. 2016. Global spa & wellness economy monitor, http://www.globalwellnesssummit.com/images/stories/gsws 2014/pdf/GWI_Global_Spa_and_Wellness_Economy_Monitor_FulLRep ort_Final.pdf.

[19] Nordic Structures. 2016. Wood and Human Health. Accessed March 8, 2016. http://www.nordic.ca/data/files/publication/Wood_ Human_Health_final-single.pdf.

[20] Ibid.

[21] Ibid.

[22] Ministry of Employment and the Economy (TEM) 2010. Finland's Tourism Strategy to 2020: Four good reasons to promote tourist

industry development. Accessed March 8, 2016. Available at: https://
www.researchgate.net/profile/Aysegul_Ozkan/project/Research-about-
national-tourism-strategy-documents-of-various-countries/attachment/5
79ee98708ae0d8707009d6d/AS:390157745311745@1470032263664/do
wnload/Finlands_Tourism_Strategy_to_2020+%281%29.pdf.

[23] Final Forest. 2016. Accessed March 8, 2016. http://www.finalforest.de.

[24] Irjala, Sanni. 2013. Berries and Berry Culture in Finland. University
of Tampere. Accessed March 8, 2016. https://www15.uta.fi/FAST/FIN/
Al4PAPS/si-berry.pdf; Kallio, Heikki & Yang, Baoru. 2015. "Strategy of
the Food Chemistry and Food Development Units at the University of
Turku in relation to food production and properties in the Northern
Hemisphere." Accessed March 8, 2016. https://www.utu.fi/en/units/
arctic/Documents/Strategy_of_the_Food_ Chemistry_and_Food_
Development_Units_ARC TIC.pdf.

[25] ISB — International Society of Biourbanism. 2013. Paracity. Accessed
September 14, 2016. http://www.biourbanism.org/paracity/.

[26] LUOMUS — Finnish Museum of Natural History. 2016. Fifth Dimension
— Green Roofs in Urban Areas. Accessed September 14, 2016. https://
www.luomus.fi/en/fifth-dimension-green-roofs-urban-areas.

[27] Yle News. 2015. Even a short walk in the woods is good for you,
researchers claim. Accessed March 8, 2016. http://yle.fi/uutiset/
even_ a_short_walk_in_the_woods_is_good_for_you_researchers_
claim/7746324.

[28] IAEA. 2016. Finland. Accessed September 14, 2016. https://www. iea.org/
countries/membercountries/finland/.

[29] Halme, Minna, Hukkinen, Janne, Korppi-Tommola, Jouko, Linnanen,
Lassi, Liski, Matti, Loivio, Raimo, Lund, Peter, Luukkanen, Jyrki,
Nokso-Koivisto, Oskari, Partanen, Jarmo, and Wilenius, Markku.

New Energy Policy for Providing Growth and Employment. Jyväskylä University Digital Archive. Accessed September 14, 2016. https://jyx. jyu.fi/dspace/handle/123456789/43432.

[30] Statistics Finland. 2016. Total energy consumption fell by 3 per cent in 2015. Accessed September 14, 2016. http://www.stat.fi/til/ehk/2015/04/ ehk_2015_04_2016-03-23_tie_001_en.html.

[31] Halme *et al.* (2015). Maamrae energia. The Energy of our Country. Into Kustannus, Helsinki.

[32] Danish Wind Industry Association. 2016. Accessed March 8, 2016. http://www. windpower.org/en; Davidson, Richard. 2012. *The Emo- tional Life of Your Brain.* New York: Hudson Street Press.

[33] Charan, Ram. 2013. *Global Tilt: Leading Your Business through the Great Economic Power Shift.* New York: Crown Business.

[34] Eco-Innovation Observatory. 2012. Closing the Eco-Innovation Gap. Accessed March 8, 2016. http://www.eco-innovation.eu/index.php? option=com_content&view=article&id=420&Itemid=210.

[35] Clean Technica. 2012. Global Cleantech Market Expected to Expand to € 4 Trillion by 2020, Germany to Capitalize. Accessed March 8, 2016. http:// cleantechnica.com/2012/09/17/global-cleantech-market- expected-to-expand-to-e4-trillion-by-2020s-germany-to-capitalize.

[36] European Commission. 2016. Closing the Loop: An EU Action Plan for the Circular Economy. Accessed March 8, 2016. http://ec.europa. eu/ environment/circular-economy.

[37] Pew, Trusts. 2014. Who's Winning the Clean Energy Race? 2013. Accessed March 8, 2016. Http://Www.Pewtrusts.Org/En/Research- And-Analysis/ Reports/2014/04Y03/Whos-Winning-The-Clean-Energy- Race-2013.

[38] Millennium Alliance for Humanity and Biosphere (MAHB). 2014. What If We Burn All the Fossil Fuels? Accessed March 8, 2016. http://mahb.

stanford.edu/library-item/what-if-we-burn-all-the-fossil-fuels/.

[39] European Renewable Energy Council (EUREC). 2010. Re-thinking 2015: A 100% Renewable Energy Vision for the European Union. Accessed March 8, 2016. http://ec.europa.eu/clima/consultations/docs/0005/ registered/91650013720-46_european_renewable_energy_co uncil_ en.pdf.

[40] Cleantech Finland. 2014 Finland's cleantech future looks bright: 90% of companies planning new Finnish jobs. Accessed March 8, 2016. https:// storify.com/CleantechFIN/the-weekly-cleantech-story-17-2014.

[41] European Renewable Energy Council (EUREC). 2010. Re-thinking 2015: A 100% Renewable Energy Vision for the European Union. Accessed March 8, 2016. http://ec.europa.eu/clima/consultations/docs/0005/ registered/91650013720-46_european_renewable_energy_co uncil_ en.pdf.

[42] Horizon 2020 is the biggest-ever EU research and innovation program, with nearly € 80 billion in funding available over 7 years (from 2014 to 2020).

[43] See https://www.bnef.com/PressReleases/view/173. Accessed September 23, 2016.

[44] United Nations Department of Economic and Social Affairs (UNDESA). 2007. Water scarcity. Accessed March 8, 2016. http://www. un. org/ water for lifedecade/scarcity. shtml.

[45] Cleantech Finland. Accessed March 8, 2016. http://www.cleantech finland.com.

[46] Ahokas, Jussi, Honkatukia, Juha, Lehmus, Markku, Niemi, Janne, Simola, Antti, and Tamminen, Saara. 2015. Työvoiman tarve Suomen taloudessa vuosina 2015-2030. Accessed September 14, 2016. https:// www.vatt.fi/file/vatt_publication_pdf/tl81 .pdf.

[47] These observations are based on my research "Sixth Wave and Finland", see more https://www.utu.fi/en/units/ffrc/research/project- archive/ foresight-nat/Pages/6th-wave.aspx. Accessed September 23, 2016.

[48] Piscione Perry, Deborah. 2013. *Secrets of Silicon Valley: What Everyone Else Can Learn from the Innovation Capital of the World.* New York: Palgrave McMillan.

[49] FFRC — Finland Futures Research Centre. 2016. The 6th Wave and Systemic Innovations for Finland: Success Factors for the Years 2010-2050 (6th Wave). Accessed September 14, 2016. http://www.utu.fi/en/units/ffrc/ research/project-archive/foresight-nat/Pages/6th-wave, aspx.

[50] Intellectual Ventures. 2016. Accessed March 8, 2016. http://www. intellectual ventures. com/.

[51] Puustinen, Pekka. 2015. *Financial Service Logic: In the Revolution of Exchange in Banking and Insurance.* Helsinki: Helsinki Capital Partners Advisory.

[52] Finanssialan kyvykkyydet. 2020. The Key Competencies of Financial Industry. Finance Finland 2012. http://www.finanssiala.fi/materiaalit/ FinanssialanJcyvykkyydet.pdf. Accessed September 23, 2016.

[53] I conducted a wide survey in 2011 and 2012 with Suomalaisen Työn Liitto (the Association of Finnish Work) to study people's values.

[54] The World Bank. 2016. World Bank, India Sign Deal to Boost Solar Globally. Accessed September 14, 2016. http://www.worldbank.org/en/ news/press-release/2016/06/30/world- bank-india-sign-deal-to- boost-solar-globally.

[55] Think Geoenergy. 2016. South Korea to invest up to $36.6 billion into renewable energy sector by 2020. Accessed September 14, 2016. http:// www.thinkgeoenergy.com/south-korea-to-invest-up-to-36-6-billion-into-renewable-energy-sector-by-2020/.

[56] The World Bank. 2016. Chile rethinks renewables and gets results. Accessed September 14, 2016. http://blogs.worldbank.org/ppps/chile-rethinks-renewables-and-gets-results.

[57] UNEP. 2016. South Africa opts for sun and wind as green energy investments surge in developing world. Accessed September 14, 2016. http://www.unep.org/stories/RenewableEnergy/South-Africa- opts-for-sun-and-wind-as-green-energy.asp.

[58] GSMA. 2014. Digital Inclusion. Accessed September 14, 2016. http://www.gsma.com/mobilefordevelopment/wp-content/uploads/2014/ll/GSMA_Digital-Inclusion-Report_Web_Singles_2.pdf.

The sixth

第12章
我们需要做什么

sixth

wave

在本书中，我记录了一个历史性的转变。我通过描述社会变迁的复杂逻辑，告诉你们为什么旧的方法不再适用。传统的技术污染严重，传统的政治文化停滞不前，"经济会永恒增长"的传统观念已经过时，工业价值观正在侵蚀我们的人性。

我们站在深渊的边缘。我们不能等到下一个周期结束——21世纪中叶——再做出改变。改变必须从现在开始。

我所做的研究、听到的消息，以及我对全球环境状况的了解，都指向同一个结论：我们必须在十年内做出改变，才能确保我所展望的第六次浪潮（2010—2050 年）走上正轨。关于这一点，本书提供了很多证据。一旦过了那个致命的时间点，一些都为时已晚。我将从五个方面来描述这些必要的改变。

第一，世界能源系统需要进行彻底、全面的改革；第二，循环经济的原则必须成为所有经济活动和日常生活的核心组成部分；第三，我们必须充分利用已经让世界发生改变的新技术；第四，要建立长期的政治决策体制，以制定和实现长期目标。这意味着我们必须改变我们的统治、税收和立法体系来支持这些目标。这反过来又需要一个真正的民权社会，取消等级制和

官僚制度；第五，企业要有远见，不再以追求短期的经济利益
为目的。

气候和能源系统的改变

首先，我们必须彻底改革世界的能源生产体系，当前的能
源生产仍然依赖化石燃料来提供 81% 的一次性能源供应。[1]我们
必须在十年的时间里，把化石燃料的比重降到 50% 以下。考虑
到现实情况，这是一项艰巨的任务，因为仅仅是减少几个百分
点就需要全球做大量的工作。从整个世界来看，关键的问题是
中国和印度如何确保能源供应，同时欧洲也需要开辟新的道路。
这如何实现？谁来带头？一些必要的新技术已经存在。可再生
能源的生产成本已经低于使用传统技术的成本。[2]与本世界初的
情况相比，这是一个惊人的变化。

减缓气候变化需要的不仅仅是新技术，它还要求我们改变
思维方式。我们必须学会把世界视为一个相互联系的系统，而
不是一系列单独的部分。就气候变化而言，这意味着我们需要
全盘考虑碳循环。除了减排，防止灾难性气候变化的关键还有
实施支持森林土壤碳封存的举措。这也正是最近启动的"Carbon
Underground"项目的建议。[3]通过将二氧化碳封存在地下，我
们将能够在减少有害二氧化碳排放的同时提高土壤质量。这要
求我们对农业的作用和重要性有新的认识，并且开发有助于推
进这些目标的新技术：土壤改良和固碳。我们必须对现代农业

有新的思考。

　　系统思维的第二个挑战是我们能否很好地理解全球危机。叙利亚战争的爆发就是一个例子：长期干旱在 2006 年演变成严重的水危机，[4] 进而引发内部冲突。阿萨德总统领导的统治阶级——少数派阿拉维派非但没有解决问题，反而通过保护自己的水资源进一步加剧了问题。这些不公引起人民的不满，现在已经升级为全面战争，民族和教派分裂是冲突加剧的另一个原因。

　　当前一个无可辩驳的事实是，只有那些建立了有效的政治制度、能够充分考虑人民需求的国家才可能通过和平的方式管理环境问题。正如第 5 章所提到的，如果缺乏这样的制度，由于新的通信手段的出现，民间的集体行动可能呈指数式升级。

走向循环经济

　　我们应该更深入地理解和贯彻循环经济（更加准确地说是"螺旋经济"）的基本原则：物质、能量和人力资本都需要流通。正如本书其他章节所论述的，我们必须学会从系统和流动的角度——而不是独立的原子式的实体——看待自然界和人类的所有活动。我们的道路上还会增加多少"油老虎"？我们什么时候才会在所有活动中认真遵循共享经济的原则，并创建一个有助于实现共享经济的基础设施？从爱彼迎到优步，一些最成功和发展速度较快的公司已经在其业务中践行这些原则。

　　最新的研究表明，循环经济的好处是无可争议的。根据罗马俱乐部的报告，我们不能再延续当前生产、消费产品及服务的方式。[5]"获取、制造和处置"的旧工业模式的效率难以想象地低下。现在，它正在被完全不同的、定义工业生产和相关消费的方法所取代，这是一种基于回收、再利用、拆解和再制造的方法。

循环经济是一个新的社会观念。在这样的经济中，物质、能量和人类活动不仅仅是输入，也是输出。其效率不能用传统的投入产出比来衡量。其基本原理来自"社会与经济新陈代谢"的新观念，以及我们关于"从何处创造价值"的新觉醒。如果我们不仅制造产品，而且尽可能维护和再利用各种商品，世界是不是会呈现全新的面貌？

艾伦·麦克阿瑟基金会（Ellen Macarthur Foundation）的经典研究显示了人们如何通过遵循循环经济的原则，在物资和商品流通的基础上创造新的节余，进而创造一个价值高达 7000 亿欧元的新市场。[6]换句话说，这将创造大量的新工作和附加值。据计算，欧盟的资源生产率每提高 30%，将创造 200 万～ 300 万个新的就业岗位。

数据显示，循环经济将大大推动我们的经济，帮助我们创造就业机会，最重要的是，我们将把循环经济带来的思维和行为上的改变运用到社会的每一个方面。[7]这是一场真正的哥白尼式的变革，彻底改变了我们对物质、能量和人力资本在社会中的流动的理解。目前我们国民经济面临的各种问题——债务过多、失业、财富掌握在少数人手中，以及让人无法忍受的环境恶化——都是错误的经济观念及其目标的合乎逻辑的后果。

经济的基本原则应该是协作，而不是垄断或者过度竞争。循环经济的理念是培养合作：供应商与生产商、生产商与消费者，以及消费者和其他消费者之间的合作。所有这一切都离不开有助于提高资源利用效率和促进合作的立法和税收制度。

罗马俱乐部研究了循环经济在五个国家（瑞典、芬兰、西班牙、荷兰和法国）的社会效益，研究报告清楚地表明了循环经济的巨大潜力。[8] 报告的重点是循环经济对碳排放和就业的影响。研究还有一个更深层次的目的：了解循环经济如何帮助各个国家脱离旧的工业社会。

我们在前面的章节中说过，工业社会的发展分为几个阶段，每一个阶段都伴随着技术创新——从蒸汽动力到让我们能够更高效地生产更多产品的生产系统。几个世纪以来，蒸汽动力、钢铁、铁路、电力、化工、汽车、石油化工以及其他便利系统等，都是我们双手的延伸。它们提高了人类的工作效率，同时消耗大量物资，所有这一切都对环境造成了严重影响。这是工业时代的"浮士德协议"，[9] 在这样的关系中，自然资源的消耗与经济增长密不可分。

当前一个无法忽视的严峻事实是：这样的历史扩张也有其弊端。同时，新的资源利用效率越来越高的技术（比如可再生能源技术）正在慢慢被认可。"可持续性"议程已经渗透到政治进程当中。如何让经济增长不再依赖于消费和对自然资源的消耗正在引起越来越多的关注。[10] 如果这一令人不安的趋势继续发展，将导致一个后果：我们将在六个月内用光地球一年补充的资源。换种说法：地球需要 18 个月的时间来重新"制造"我们一年使用的资源。[11] 我们仍然在走一条破坏性的道路，罗马俱乐部早就在其经典报告《增长的极限》中警告过我们。[12]

罗马俱乐部的循环经济报告证明，要应对上述挑战，我们必须在所有政策中全面采用循环经济的概念。[13] 这又引发了许多问题，比如如何修改税法，以惩罚使用不可再生材料和浪费物料的行为，同时鼓励人力的使用；如何刺激投资，鼓励建筑和包装行业开发生物制品，以替代使用不可再生原料制成的产品；如何激励人们在建筑和运输中降低能耗；如何推广新的共享商业模式，让人们可以通过出租自己的财产收取费用，比如汽车或公寓；如何引导教育，让学生认识到循环经济的潜力，了解循环经济的主要功能，比如材料的再利用和新能源技术的采用。

关键在于产品设计：为了耐久，还是为了其他目标？大部门情况是为了其他目标。虽然回收塑料瓶比倾倒或焚烧塑料瓶更明智，但回收过程也需要能源——塑料瓶融化并变成新瓶子的过程仍然在消耗自然资源。唯一可持续的解决方案是生产和销售可重复使用的塑料瓶，而不是回收塑料瓶。

这听起来不容易实现，但我们应从长远考虑。这里的问题是行星末世论。[14] 在第六次浪潮的尾声（大约在 21 世纪中叶），我们将终止大部分依靠焚烧化石燃料进行的化学反应。到第七次或第八次浪潮，我们可能会发现地球上不再有矿山。从现在开始的 100 ～ 150 年，人类会经历文化转型，这段时期尽管相对较短，却会对地球产生巨大的影响。未来的世代会惊叹当前的人类竟然会有如此不负责任的行为——我们在短短几百年的时间里，挥霍光了花费数十亿年形成的自然资源。

哈罗德·斯维尔德鲁普（Harald Sverdrup）教授和瓦拉·拉格纳斯多特（Vala Ragnarsdottir）教授是世界顶尖的矿物质及其他自然资源周期研究和建模专家。根据他们的研究，我们每年使用水泥37亿吨，木材13亿吨，钢铁220万吨，其中150万吨来自煤矿；我们生产1.1亿吨铝，其中5000万吨来自矿山。铜、锌、铅全球年产量3500万吨，其中1600万吨来自地下。其他金属5000万吨，其中3500万吨来自矿山。[15]

他们在研究了原材料流通和评估了未来自然资源的使用情况后，得出如下结论。

第一，铜、铝、铁不会长期严重短缺。铁产量到2030年左右达到顶峰，2080年左右开始严重稀缺，进而导致严重的经济危机，因为铁是所有基础设施的关键组成部分。[16]

第二，作为现代肥料中的一个重要组成部分，磷将导致严重危机，但不是因为短缺，而是由于腐蚀。根据斯维尔德鲁普和拉格纳斯多特的估计，长远来看，由于磷的过度使用导致的土壤流失可能成为对文明的最大威胁。没有健康的土壤，我们将无法为地球上不断增长的人口提供食物。根据粮农组织的数据，可耕土壤的数量在2000年左右达到顶峰，之后开始下滑。

第三，化石燃料的使用、低效高成本的生产系统，以及镍和制造高科技产品所需的其他金属的短缺，这一系列问题将会升级并最终失控。因此，我们必须在 10 年内全面转向循环经济。

充分利用技术

然而，我们不是没有办法解决这个困境。世界经济论坛的创始人施瓦布认为，我们正在经历第四次工业革命，[17] 它与第三次工业革命最大的不同之处在于，新技术将以排山倒海之势涌现。[18] 在第四次工业革命中，物理、数字和生物将以不断变化的形式相互融合。

第四次工业革命的典型特征，即那些不同于以往工业革命的特征包括：第一，技术进步和日益密集的网络促成的指数级变化；第二，变化更广、更深，这意味着革命不只将改变运作范式，还将改变人性本身；第三，革命的影响是系统性的：不再是单独的、离散的现象，而是超越国家和地区界限的现象间的相互关联。

我个人认为，施瓦布所说的第四次工业革命是第六次浪潮的一部分。人工智能和物联网将显著改变我们的行为方式，特别是工作方式。一份专业评估显示，到 2025 年，90% 的新闻将由人工智能生成，人类只负责制定算法。[19]

由于技术终究只是人的延伸，那么技术到底会对整个社会和每个人产生什么样的影响呢？也许互联网是最好的答案。正如我们这个时代最重要的社会科学家曼努埃尔·卡斯特（Manuel

Castells）曾经说过的，信息时代的互联网效应可以与工业时代的电动机效应相提并论。[20]

互联网彻底改变了人类的互动。矛盾的是，今天的虚拟现实更多的是一种社会现实，而不是物理现实。截至 2016 年 3 月，全球互联网用户数达 33 亿，约占世界人口的 40%。[21] 目前全球手机用户达 77 亿，与全球人口数量相当。世界上 95% 的信息以数字格式产生，大部分可以在线访问。[22]

各种研究清楚地表明，互联网的使用增加了社交活动，尽管媒体的说法恰恰相反。正如曼纽尔·卡斯特（Manuel Castells）所言，互联网是一项为自由而生的技术，尽管它最初起源于五角大楼。[23] 无数研究显示，互联网使当今的人们生活在一个相互连通的社会中，只有具备了现代通信的三个先决条件，这样的社会才开始出现。这三个条件是：蒂姆·伯纳斯·李（Tim Berners-Lee）发明的万维网、全球性但相对宽松的互联网治理体系，以及网络化社会的发展。在文化方面，则更加强调个性和自主。

总之，互联网对社会的一个重要影响是，它结束了大众传播的时代，让我们进入了大众自传播的时代。这一转变最初出现在第五次浪潮（1970—2010 年）中，它对我们的社会产生了深远的影响，并为解决第六次浪潮中最关键的政治问题——如何在一个权力集中在少数人手上的世界中建立真正的民主——创造了可能。21 世纪的历史表明，互联网和社交媒体使传播上升到了一个新的层次，让人民群众有发声的渠道并赋予他们权力。一些限制信息自由传播的国家正面临越来越大的压力。在第六次浪潮中，限制言论自由的社会将难以存续。就像互联网的开放式架构在过去 20 年里显示出其优势一样，接下来，社会结构也必须是开放的，以确保个人表达自我意愿的权利最终成为一种常态。

政治体制改革

达隆·阿齐默鲁（Daron Acemoglu）和詹姆斯·罗宾逊（James Robinson）在他们的著作《为什么国家会失败》（*Why Nations Fail*）一书中，探讨了旧的权力结构如何使社会瘫痪，使它们无法为公民创造福祉。一个典型的例子是 2000 年 1 月，津巴布韦一家部分国有的银行组织存款超过 5000 元（津巴布韦币）的客户抽奖。抽奖仪式的司仪抽出获奖者，他是津巴布韦总统罗伯特·加布里埃尔·穆加贝阁下（His Excellency R.G. Mugabe）。[24] 这种获奖方式充分说明了旧权力结构的盛行，以及对新制度的阻碍。

腐败和体制弊端是当代社会的痼疾之一。问世界上任何地方的任何一个人，他们社会中最大的问题是什么，十有八九他们会回答"腐败"。即使是腐败程度最低的北欧国家，也深受集中和僵化的社团主义之害——社团主义隐藏权力，严重阻碍进步和可持续发展。[25] 社团主义的症结在于决策权集中在一个狭小的圈子里，没有透明的依据。特别是在现代社会，利益集团在社会决策中扮演着越来越重要的角色。

在第六次浪潮中，社会共同利益将是一个重要概念。局部优化，也就是在小集团之间分享福利的做法会破坏任何制度产生可持续解决方案的能力。现代西方社会最大的矛盾也许是债务负担过重，无法正确地配置资源。另一个主要问题是不平等加剧：大多数经合组织国家自 20 世纪 80 年代中期以来经济不平等日益严重。20 世纪 80 年代，最富有和最贫困的 10% 的人口的收入比是 7：1，现在是 10：1，且差距还在拉大。同时，40% 的人口的可支配收入只有微乎其微的增长。[26]

我认为之所以会出现这样的情况，是因为我们建立的结构过于昂贵和低效。我们以各种方式支持不健康的社会和经济结构，将福利分配给那些已经拥有权力的财富的人。我们的税收政策不鼓励工作，而鼓励不可再生原材料和污染性能源的开采。欧盟为大多数外包和资源开采型农业提供荒谬的补贴（占其预算的 40%），而我们真正应该做的，是鼓励环保型的农业，同时生产粮食。以我自己的国家芬兰为例：我们是一个正在发展核能的西方国家。这不仅对后代不负责，在经济上也毫无意义，因为现有的安全标准使核能发电过于昂贵。我们拒绝面对事实，假装还活在 50 年以前。

很明显，未来十年，我们必须确保全世界的所有政治议程有正确的重点。我们必须抛弃"经济增长是解决一切问题的灵丹妙药"的愚蠢观念，这不过是政客和经济学家的空谈，没有任何经证实的积极效应。

在过去的几十年里，信息技术的惊人飞跃为我们提供了前所未有的机会来利用分散的技术和模型。无论是解决社会问题，还是开发我们的能源系统，又或是更新教育观念或调整工作规范，我们都需要分散式的解决方案，因为当智慧结合技术，它们会展现出巨大的优越性。但是，即使我们知道如何把一个过时的能源体系变成一个支持就业和环保的现代能源体系，改变也无法轻易实现。然而，在已经到来的第六次浪潮中，我们必须改变。

企业部门的转向

2016 年 1 月，全球最大的资产管理公司贝莱德（BlackRock）首席执行官拉里·芬克（Larry Fink）致函标普 500 公司的领导人。他提醒他们小心目前经济形势下普遍存在的短视行为，他请首席执行官们把重点放在长远的战略问题上。芬克认为，只关注季度业绩、向股东分发巨额红利会破坏长期投资。他还提醒他们，环境和社会挑战会成为影响未来经营环境的重要因素。[27]

芬克的信敲响了警钟（他以前也发过类似的信函）。他在信中提到的观点不仅仅针对企业高管，也针对那些要求企业创造短期利润的投资者，即华尔街的银行家和其他想要赚快钱的人，那些一手制造了金融危机的人。

长远思考的能力在第六次浪潮中至关重要。最伟大的企业领袖已经在第五次浪潮中树立了榜样。其中最杰出的代表是苹果创始人史蒂夫·乔布斯（Steve Jobs）、微软创始人比尔·盖茨（Bill

Gates）和英特尔创始人安迪·格鲁夫（Andy Grove）。哈佛大学的大卫·尤菲（David Yoffie）教授和麻省理工学院斯隆管理学院的迈克尔·库苏玛诺（Michael Cusumano）教授在一项有趣的研究中，分析了这三位极其成功的企业领袖如何制定和实施他们的战略。[28]

这三位先驱最大的共同点是他们预见未来的能力——他们眼中的未来完全不同于当前的现实，他们确保自己所在的领域没有其他参与者，至少一开始是如此。

例如，比尔·盖茨知道两件事情：个人电脑最终会进入每一个家庭，软件专业技术将比硬件专业知识更有价值。在 20 世纪 70 年代中期，这些想法是革命性的。

安迪·格鲁夫早在 20 世纪 80 年代末就预见，旧的垂直的商业模式（即一个公司提供所有物资）不会长久。根据戈登·摩尔（Gordon Moore）的著名定律，当价格不变时，集成电路上可容纳的元器件数目每隔 18 ～ 24 个月便会增加一倍，所以扩大经营规模是不可能的。因此，他把英特尔的业务缩小为专门制造微处理器，最终将英特尔打造成了该领域的世界领导者。

史蒂夫·乔布斯在 20 世纪 90 年代末提出了他的革命性构想，他说计算机会"从笼子里逃出来"，变成"酷毙了"的产品；计算机会成为一个能做所有事情的数字中心，比如听音乐、拍照等。苹果的目标是利用这个新的机遇，为用户提供无与伦比的体验。当电脑被 iPad 和 iPhone 取代时，他又有了新的构想。

阿尔伯特·爱因斯坦（Albert Einstein）对这三位领袖的愿

景做了最好的诠释："前瞻性思维最重要的一点是向过去学习，而不是被过去所束缚。"[29] 从本质上，他们设想了一个未来，并将公司视为未来的一部分。

和预见未来以及未来与现实的差别同样重要的是，能够适应不断变化的环境——企业战略应该随着经营环境的变化而变化。另一个关键因素是合作，这意味着理解生态系统的需求。早在发布前的几年，苹果公司就已经研发出了 iPad。问题在于，当时的 Wi-Fi 网络还不够成熟，无法让设备充分发挥其潜力。因此，直到基础设施到位，苹果才推出了 iPad。[30]

乔布斯、格鲁夫和盖茨都是他们那个时代的梦想家。然而，从第六次浪潮的角度来看，他们的思维还是很狭隘。他们当中没有一个人提到企业的责任，以及企业经营对社会或环境造成的影响，也没有一个人对这些问题提出任何有价值的建议。恰恰相反，乔布斯因无视苹果中国工厂里的工作条件而出名，他毫不关心慈善事业或苹果产品对环境的影响。诚然，比尔·盖茨后来有了转变：在辞去微软的职务后，他成为了世界上最重要的慈善家，帮助解决人类当前所面临的各种严重问题。

第六次浪潮将造就像埃隆·马斯克这样的企业家，他们真正想要引导人类走向可持续的未来。从 SpaceX 到特斯拉，马斯克的疯狂梦想——让所有人体验太空旅行，以及拯救人类——贯穿他创立的所有公司。还有像巴塔哥尼亚公司创始人伊冯·乔伊纳德这样的商人，他曾经承认："我从来没有尊敬过我的职业。与自然为敌，摧毁本土文化，将穷人仅有的财富掠夺给富人，用污水毒害地球……所有这一些，企业难辞其咎。"[31]

　　未来，我们会看到越来越多的企业摒弃工业思维和行为模式，为更加人性化的组织文化奠定基础。在过去的几年里，全球各个行业涌现出不少这样的公司。[32]

　　当组织学会像一群成年人一样合作，而不是像幼儿园（几个"成年人"监督一群"小孩"）一样运作时，我们会看到组织内部出现新的动态。

　　其中的秘密在于创新的真实历史：大多数创新来自民间，而不是天才。[33]创新民主化是我们在第六次浪潮中实现人性化发展的必由之路，只有这样，我们才能延续在地球上的美好生活。引用革命性的成功企业——荷兰公司 Buurzorg 创始人乔斯·德·布洛克（Jos de Blok）的话：

　　　　"我们生活在一个充满变革的时代。我们目前的能源、金融和医疗保健模式是不可持续的。我们需要环保、人性化的新型解决方案。我们需要基于有意义和新经济原则的组织结构。有了这样的意识，我们将能够以较低的成本提高弱势群体的生活质量。"[34]

　　布洛克总结了我们在第六次浪潮中所面临的挑战。只有改变我们在社会中的思维和行为方式，才能够保护我们的环境和我们的未来。我们必须尽全力确保各行各业的领导人认识到这个现实。

[1] International Energy Agency (IEA). 2015. *Key World Energy Statistics.* Accessed September 15, 2016. www.iea.org/publications/freepub lications/ publication/Key World_Statistics_2015 .pdf.

[2] Energy Innovation. 2015. Comparing the Costs of Renewable and Conventional Energy Sources. Accessed March 8, 2016. http://energy innovation.org/2015/02/07/levelized-cost-of-energy/.

[3] The Carbon Underground. 2016. Why just reduce climate change when we can reverse it? Accessed March 8, 2016. https://www.the carbonunderground.org/.

[4] *Smithsonian.* 2015. Is a Lack of Water to Blame for the Conflict in Syria? Accessed March 8, 2016. http://www.smithsonianmag.com/innovation/is-a-lack-of-water-to-blame-for-the-conflict-in-syria-725137 29/?no-ist.

[5] Wijkman, Anders & Skånberg, Kristian. 2014. *The Circular Economy and Benefits for Society. Jobs and Climate Clear Winners in an Economy based on Renewable Energy and Resource Efficiency.* Club of Rome.

[6] Ellen Macarthur Foundation. 2013. Towards the Circular Economy. Accessed March 8, 2016. http://www.ellenmacarthurfoundation.org/assets/downloads/publications/ TCE_Report-2013.pdf.

[7] Ibid.

[8] Wijkman, Anders & Skånberg, Kristian. 2014. *The Circular Economy and Benefits for Society. Jobs and Climate Clear Winners in an Economy based on Renewable Energy and Resource Efficiency.* Club of Rome.

[9] Wilenius, Markku. 1997. *Faust on Wheels. Conceptualizing Modernization and Global Climate Change.* The Finnish Society of Sciences and Letters and The Finnish Academy of Science and Letters. Helsinki. Doctoral Dissertation.

[10] Von Weizsäcker, Ernst U. 2009. *Factor Five: Transforming the Global Economy through 80% Improvements in Resource Productivity*. London: Routledge.

[11] Global Footprint Network, 2015. Earth Overshoot Day 2015. Last accessed March 8, 2016. http://www.footprintnetwork.org/en/index, php/GFN/page/earth_overshoot_day/.

[12] Meadows, Donella H., Meadows, Dennis L., Randers, Jørgen, and Behrens III, William W. 1972. *The Limits to Growth: A Report of the Club of Rome's Project on the Predicament of Mankind*. New York: Universe Books.

[13] Club of Rome. 2015. The Circular Economy and Benefits for Society. Accessed January 24, 2017. http://www.clubofrome.org/wp-content/uploads/2016/03/The-Circular-Economy-and-Benefits-for-Society.pdf.

[14] Bardi, Ugo. 2014. *Extracted: How the Quest for Mineral Wealth is Plundering the Planet: A Report to the Club of Rome*. Vermont: Chelsea Green Publishing.

[15] Sverdrup, Harald & Ragnarsdottir, Vala. 2014. Natural resources in a planetary perspective. *Geochemical Perspectives*, 3(2).

[16] Ibid.

[17] World Economic Forum. 2016. The Fourth Industrial Revolution, by Klaus Schwab. Accessed March 8, 2016. http://www.weforum.org/pages/the-fourth-industrial-revolution-by-klaus-schwab.

[18] Rifkin, Jeremy. 2011. *The Third Industrial Revolution: How Lateral Power is Changing, The Economy and the World*. New York: St Martin's Press.

[19] Podolny, Shelley. 2015. If an Algorithm Wrote This, How Would you Even Know? The New York Times. Accessed 7 March 2015. http://www.nytimes .com/2015/03/08/opinion/sunday/if-an-algorithm-wrote- this-

how-would-you-even-know.html.

[20] Castells, Manuel. 2014. The Impact of the Internet on Society: A Global Perspective. MIT Technology Review. Accessed March 8, 2016. https://www. technologyreview.com/s/530566/the-impact-of- the-internet- on-society-a-global-perspective/.

[21] Internet Live Stats. 2016. Internet Users. Accessed March 8, 2016. http://www.internetlivestats.com/internet-users/.

[22] Hilbert, Martin & Lopez, Priscila. 2011. The World's Technological Capacity to Store, Communicate, and Compute Information in Science. Accessed March 8, 2016. http://science.sciencemag.org/content/332/6025/60.

[23] Castells, Manuel. 2014. The Impact of the Internet on Society: A Global Perspective. MIT Technology Review. Accessed March 8, 2016. https://www.technologyreview.eom/s/530566/the-impact-of_ the-internet-on-society-a-global-perspective/.

[24] Acemoglu, Daron & Robinson, James. 2012. *Why Nations Fail. The Origins of Power, Prosperity and Poverty.* London: Profile Books.

[25] Transparency International. 2015. Corruptions Perception Index 2015. Accessed March 8, 2016. http://www.transparency.org/cpi2015 #results-table.

[26] OECD. 2015. Divided We Stand: Why Inequality Keeps Rising. Accessed Septemberl3, 2016. http://www.oecd.org/els/soc/divided west and why inequality keepsrising. htm.

[27] *Business Insider.* 2016. Here is the letter the world's largest investor, BlackRock CEO Larry Fink, just sent to CEOs everywhere. Accessed March 8, 2016. http://uk.businessinsider.com/blackrock-ceo- larry-fink-letter-to-sp-500-ceos-2016-2.

[28] Yoffie, David & Cusumano, Michael. 2015. *Strategy Rules.* New York: Harper Business.

[29] Ibid.

[30] Ibid.

[31] See this quotation https://www.outsideonline.com/1910236/let-my-people-go-surfing, accessed September 25, 2016. Read more of his thoughts in Chouinard, Yvon. 2005. *Let My People Go Surfing: The Education of a Reluctant Businessman*. London: Penguin Books.

[32] Laloux, Frederic. 2014. *Reinventing Organizations*. Brussels: Nelson Parker.

[33] Ashton, Kevin. 2015. *How to Fly a Horse: The Secret History of Creation, Invention and Discovery*. New York: Doubleday.

[34] Jos de Blok, Interview, https://www.thersa.org/discover/videos/event-videos/2014/11/Jos-de-Blok-on-Organizational-Structures.

The

sixth

结　语

走向合作社会

sixth

wave

回顾世界的发展历程，我们很容易发现，真正的社会进步离不开合作。欧盟的建立是一个伟大的创举，因为它促使欧洲国家以前所未有的方式进行合作。未来，我们将看到新的合作形式，合作的目的是使人类能够继续在地球上生存。

未来是动态变化的，因此未来很难预测。如本书中其他章节所述，过去、现在和未来的确有一些规律可循，而认识到规律的中断是未来研究学科面临的一个重大挑战。[1]

让我们来看一个具体的案例。[2] 一个由 160 名专家和意见领袖组成的团队在新千年伊始开展了一个项目，他们的任务是思考 2015 年世界和芬兰会变成什么样子，并提供一份报告。现在，2015 年已经过去，让我们来看看他们的预测是否准确。

虽然他们提到了全球化日益增长的影响，但他们没有预测到中国经济发展的巨大影响。他们也没有预见俄罗斯的战略，而是对俄罗斯的未来发展抱有不切实际的乐观看法。

虽然他们预见到了信息网络越来越重要的作用，但他们却没看到社交媒体的发展。全球变暖的风险被忽略，尽管其影响现在已经显现。他们也没能预见欧盟的风险以及芬兰政治的风险。

战略家乔治·弗里德曼（George Friedman）在谈到我们对历史进程中变化的看法时，提出了一个有趣的观点：如果我们觉得20年后和现在大同小异，那么我们将永远无法理解未来。历史表明，世事变迁远远超过我们的想象，即使只是短短20年。[3]

1900年，由于长期和平，欧洲极度繁荣，几乎统治了整个世界。人们以为战争已经结束，欧洲将继续称霸世界。然而，仅仅20年后，欧洲就因战争元气大伤。奥匈帝国、德国、俄罗斯、奥斯曼等大部分帝国一蹶不振。美国出兵结束了战争，展示了其强大的实力。20世纪40年代，德国再次成为欧洲强国。当时，只有英国才能阻止德国统治欧洲其他国家。20年后，东德政府修建柏林墙，"冷战"在两个实力超越欧洲的超级大国之间全面爆发。20世纪70年代，美国在越战中失败，苏联的权力达到顶峰。到2000年，苏联解体，中国成为经济大国，欧盟没有出现巨大赤字。

从当前的形势来看，到2020年，我们可能会再次面临不同的情况。届时俄罗斯会是什么境况？英国脱欧后，欧洲将何去何从？中国经济已出现放缓迹象，接下来会如何？巴西受到经济衰退和政治动荡的影响，正在发生巨大变化。

我们从过去的经验中学到了什么？

首先，变化趋势难以预测。我们很容易低估长期变化。我们甚至不知道在创造新事物的过程中有多少旧事物被破坏。数字时代的到来就是一个很好的例子，它使森林和媒体行业陷入窘境，阻碍相关业务的增长。这些情况的症结在于生活方式的改变，而这种改变经常被忽视。

其次，变革的阻力难以探明。社会中的群体坚定地捍卫自己的利益：雇主捍卫雇主的利益，员工捍卫员工的利益。组织机构往往不会寻求改变，而是努力维持现状并巩固其地位。他们不愿意放弃任何东西。这就是我们无法迅速回应变化的原因。

再次，我们似乎无法承受指数式增长或迅速放缓，因为我们总是期望线性发展。快速增长几乎总会带来系统性、整体性的后果。中国的经济增长对世界经济产生了不可逆的影响，而中国的发展并不是唯一的原因。极地冰盖的迅速融化同样是一个系统性的变化，因此在过去难以预测。

最后，文化结构的深层次改变最难实现。这对我们来说是一个陌生的领域。尽管我们或许可以解释（在事后）激进的恐怖组织 ISIS 的诞生，但要预测它，我们必须在它初现雏形之前就极其深入地洞察到所有可能性。

我相信，一些根本性的转变甚至是灾难性的事件是可以预测的。另一个问题是，如果你的观点与当权者大相径庭，那么几乎不会有人相信你。就像我在第 2 章中所说的，经济学家鲁比尼对导致房地产市场崩溃和金融危机的因素有深入的认识。他是唯一（准确）预测到 2008 年金融危机的有影响力的经济学家，但他却遭到了嘲笑。[4] 预言者未必总是会受到尊敬。

他的预言很准确，因为他（如他自己所描述的那样）系统地或整体地观察事态的发展。对于一个经济学家来说，他有着非常多元化的文化背景。他懂得类比：他看到，20 世纪 90 年代末使一些亚洲发展中国家陷入危机的模式于 21 世纪初在美国经济中重现。他能看到各种发展趋势的联合效应。他还预测到了两大金融巨头——莱曼兄弟和贝尔斯登的破产，甚至准确到具体的月份。

康德拉季耶夫周期是相似的，因此，我们可以通过分析过去来理解未来。要找出其中的规律，我们必须采取整体的方法，这正是我在本书中所做的。我们通过探寻规律，找出中断，同时利用历史类推法。随着信息和通信技术的发展，加上人们日益增长的沟通需求，同样的多维和整体变化将再次出现。

这一次的动因是新能源和新材料技术，加上人类需要更明智地使用资源。这一进程需要生活各个领域的深入交互，需要我们发展以人为本的文化。

这是什么意思呢？从组织层面，我们可以推导出三个原则，我预测在未来的几十年中，这些原则会变得越来越重要。我将其称为"合作社会原则"。

（1）组织正常运转的基础是共同创造和确保品质。客户不是业务链的终点，而是与组织共同开发产品和服务的合作伙伴。这需要相互信任。

（2）全面认可所有员工的贡献。除了在工作中拥有一技之长，员工还要能够适应社会、懂得社交，这一点至关重要。组织应赋予每个员工适当的决策权，让他们承担责任，最大限度地减少层级，允许出现不同的立场。

（3）新的工作世界不再需要单独的工作场所和私人身份。

每个人都有权做真实的自己并享受自己的工作。尊重每个人的独特性为建立可持续的工作组织奠定了基础。

我们当前所处的时代不仅是智慧的，而且是有意识的。推动时代发展的真正引擎是人类对完整性的需求。所有的人类需求——无论是智力上的、情感上的还是身体上的——都必须得到认可和尊重。最终的结果是让人们更加了解自己。

由于系统思维帮助我们通过共同创造（而不是竞争）来了解自然，因此第六次浪潮的社会只能通过提高认识及人际互动的质量来实现。[5]

我们今后需要什么样的民主？是否有可能建立公民可以直接参与政治决策的政治制度？一些国家已经在向这个方向努力，其中瑞士最为典型。在瑞士，直接民主已经践行了近 200 年，其运作方式如下：任何公民都可以在新法规颁布后 100 天内，收集至少 5 万个签名，让新法规接受民意投票。如果有 10 万个签名，你可以提出任何宪法修正案，然后接受表决。[6]其他国家正在效仿，至少在地方层面。在欧洲的许多地方，地方直接民主正在加强。[7]现在，芬兰公民可以提出任何法律允许的倡议，只要征集到 5 万个支持这一倡议的签名，议会就必须审议和讨论这一倡议。第一项获得议会批准的倡议是 2014 年秋天通过的有关平等婚姻的法案。

在第六次浪潮中，我们无疑会听到各种各样对直接民主的呼吁。在数字通信时代，政治的运作不再有史可鉴。爱沙尼亚是世界上第一个在选举中使用网络投票的国家。[8]医疗记录在数字渠道中顺畅传输，每个公民都有一个电子 ID，他们可以在任何电脑上查看自己的信息。在这个方面，许多其他国家的做法还很落后。在下一个十年，搜索信息和施加影响将变得更加简单。第六次浪潮的特点是高速、透明和越来越多发挥影响力的机会。

最重要的是，在第六次浪潮中，我们必须停止对自然资源和地球生物圈的破坏。这需要我们提高认识，为共同利益进行更深入的合作。

如果能做到这些，我相信人类的未来充满希望。

参考文献

[1] Rohrbeck, René. 2011. *Corporate Foresight: Towards a Maturity Model for the Future Orientation of a Firm.* Berlin: Springer Verlag; Casti, John & Wilenius, Markku. 2015. Seizing the X-Events: The Sixth Wave and the Shocks that May Upend It. *Technological Forecasting and Social Change,* 94, 335-349.

[2] Valjakka, Ari. What Should We See When We Look Into the Year 2040? Turun Sanomat 24.2.2015.

[3] Friedman, George. 2009. *The Next 100 Years. A Forecast for 21ˢᵗ Century.* London: Allison & Busby.

[4] *The Guardian.* 2009. He Told Us So. Accessed March 8, 2016. http://www. theguardian.com/business/2009/jan/24/nouriel-roubini-credit- crunch.

[5] *Ibid.*

[6] *The Telegraph.* 2007 How direct democracy makes Switzerland a better place. Accessed September 9, 2016. http://www.telegraph.co. uk/news/1435383/How-direct-democracy-makes-Switzerland-a-better- place.html.

[7] Schiller, Theo. 2011. Local direct democracy in Europe—a comparative

overview. In: Schiller, Theo (Ed.). *Local direct democracy in Europe,* Wiesbaden: Springer.

[8] E-Estonia.com. 2016. I-voting. Accessed September 9, 2016. https:// e-estonia. com/component/i-voting/.

译者后记

我有幸能够成为本书的译者，翻译本书让我受益匪浅。

作者马库·维莱纽斯从事未来研究 20 余年。他是图尔库大学图尔库经济学院未来研究教授，也是联合国教科文组织学习化社会和未来教育教席教授。他的研究涵盖社会经济长波、金融和森林工业的未来、气候和能源政治，以及扁平化组织等多个领域，成就卓著，成果丰硕。

在本书中，作者分析了真实的世界动态、变数带来的痛苦与激奋，探讨了进步的浪潮、环境问题、人民的呼声以及全球政治经济形势。书中歌颂了企业家精神、领导自由以及教育与文化的力量，阐述了意识革命和芬兰的机会。最后，作者提出，整个世界将走向合作社会。

本书使用康德拉季耶夫长波理论来解读我们眼前的世界。马库·维莱纽斯教授认为，席卷全球的第六次浪潮将挑战我们当前的价值观、体制以及商业模式。我们应当从根本上提高材料和能源利用效率，更明智地利用人类潜能，以此来重塑人与自然的平衡。本书不仅是未来研究、环境研究、经济学和商科本科生及研究生的读物，也是国家决策者、智囊团、企业经营者的重要参考。

未来可期，未来已来。

感谢清华大学出版社经管事业部畅销书编辑室刘洋主任将这样一本深刻又生动的书交给我，感谢他一直以来给予我的帮助和支持。我们是工作中的合作伙伴，也是生活中的挚友。

感谢我的丈夫冯思翔为我完成文稿所做的预处理工作，感谢冯薯的陪伴。

刘　怡

2018 年 3 月于昆明